Fischer TaschenBibliothek

W0088016

»Wir wollen doch nur dein Bestes!«
»Frag Papa, ich sag auf jeden Fall nein!«
»Iss doch einen Apfel, wenn du Lust auf was Süßes hast!«

Es gibt Sätze, die sind einfach nicht totzukriegen: Eltern-sprüche, die man als Kind schon nicht mehr hören konnte, als Erwachsener immer noch hören muss und die man heute den eigenen Kindern mit auf den Weg gibt!

Lisa Seelig, geboren 1979, studierte Politikwissenschaften in Berlin. Nach der Ausbildung zur Redakteurin an der Berli-ner Journalisten-Schule war sie Redakteurin bei Neon On-line, seit 2008 ist sie freie Autorin und Reporterin in Ber-lin. Sie schreibt für die großen deutschen Tageszeitungen und Magazine wie »dummy« und »Neon« – und ist Mut-ter eines Sohnes.

Zusammen mit Elena Senft schrieb Lisa Seelig »Wir waren jung und brauchten das Gel« und »Sorry, hier sitzt schon meine Tasche«.

Weitere Informationen, auch zu E-Book-Ausgaben, finden Sie bei www.fischerverlage.de

Lisa Seelig

»DA WÄCHST DU SCHON NOCH REIN!«

Die schönsten Sätze aller Eltern,
die es nur gut meinen

FISCHER TaschenBibliothek

Erschienen bei FISCHER Taschenbuch
Frankfurt am Main, September 2013

© S. Fischer Verlag GmbH, Frankfurt am Main 2013
Umschlaggestaltung und -abbildung: Lisa Rock, Berlin
Satz: pagina GmbH, Tübingen
Druck und Bindung: Kösel, Altusried-Krugzell
Printed in Germany
ISBN 978-3-596-51295-9

Vorwort

Wer sich mal die Mühe macht und eine Zeitlang Eltern belauscht, die mit ihren Kindern reden, wird bald feststellen: Es gibt eine Art Kanon von Elternsätzen, eine Art Fundus aus Befehlen, Zurechtweisungen, Mahnungen und Trostsätzen, aus dem sich alle Menschen, die Kinder haben, bedienen, und mehr als diesen gar nicht so riesigen Fundus scheint es gar nicht zu brauchen, um Kinder groß zu kriegen. Ist das nun erschreckend oder beruhigend? Wahrscheinlich beides ein bisschen – es kommt eben auf die Perspektive an.

Sicher werden ganz viele junge, dynamische Eltern behaupten, bei ihnen selbst sei das aber natürlich *gaaanz* anders, sie würden ihre Kinder nicht mit vorgefertigten Standardsätzen abbügeln, auf keinen Fall!

Das habe ich auch immer gedacht. Bis ich selbst

Mutter wurde – und seitdem immer wieder über mich erschrecke: »Iss doch einen Apfel, wenn du Lust auf was Süßes hast!« Habe ich das wirklich gerade zu einem Eineinhalbjährigen gesagt? Vor Jahrzehnten zweifelte ich selbst schon an der Zurechnungsfähigkeit meiner Mutter, wenn sie diesen Satz brachte – wie weltfremd oder verwirrt musste jemand sein, der Obst für einen adäquaten Gummibärchenersatz halten konnte?

Da kann man sich also noch so oft geschworen haben, die eigenen Kinder mit den Sprüchen, die man damals ertrug (beziehungsweise mit Wutgeheul quittierte), nicht zu belästigen. Ein hehres Vorhaben, leider in der Realität nicht durchführbar.

Dabei wollte man doch immer unbedingt eins: nicht so werden wie die eigenen Eltern. Oder zumindest: die eigenen Kinder nicht mit den Sätzen quälen, die einem damals aus den Ohren quollen, unsinnig vorkamen oder – je nach Alter – pubertäre Heulkrämpfe und Brüllattacken hervorriefen.

Aber jetzt, wo die Kinder von damals selbst Eltern sind und sozusagen die Seiten gewechselt haben, sieht einiges anders aus: Vor dreißig Jahren wälzten wir uns noch vor Wut heulend auf dem Boden, weil Mutter uns in den ekligen Gummimantel gezwungen hatte (»Du holst dir noch eine Lungenentzündung!«) – heute sind wir überzeugt, dass wir nur das Beste wollen für den eigenen vierjährigen Sohn, der sich nämlich wirklich garantiert eine Lungenentzündung holen würde ohne gefütterte Thermo-Matschhose und mit Reflektoren ausgestattete Goretex-Funktionsjacke.

Keiner mag es gern zugeben, aber fast entwickelt sich so was wie nachträgliches Verständnis für die Strapazen, die die eigenen Eltern damals in ihrer Elternfunktion ertrugen. Von der Existenz der Lungenentzündung ist man heute jedenfalls überzeugter als vor dreißig Jahren.

Während man vor drei Jahrzehnten mit Genuss jedes Mal nach einem Kindergeburtstag kotzte, weil man wie von Sinnen die sonst vorenthaltenen Süßigkeiten in den kleinen Kindermagen gestopft hatte, ist man heute, geschädigt von zu viel Ratgeberliteratur, allen Ernstes der Meinung, Kinder könnten ihren Süßigkeitenhunger mit Obst oder allerhöchstens einem Dinkelkringel unter Kontrolle bringen.

Der Alltag von Leuten mit Kindern ist gespickt von Elternsätzen: Von oben kommen sie von den eigenen Eltern, für die man natürlich immer Kind bleiben wird – und nach unten gibt man sie an die eigenen Kinder weiter, was einen zur Verzweiflung treibt. Denn genau das wollte man doch immer vermeiden: die neunmalklugen, larmoyanten, gestressten, beleidigten, resignierten, überbesorgten Sprüche der Eltern ins eigene Erziehungsrepertoire aufzunehmen.

Dass wir es dennoch tun, uns anscheinend manchmal nicht anders zu helfen wissen, als Sachen zu sagen, von denen wir wissen, dass sie den Kindern schon längst aus den Ohren rausquellen, zeigt: Elternsein ist gar nicht so einfach und manchmal verdammt anstrengend.

Hier also die schönsten Sätze, die kein Kind gerne hört und die trotzdem alle Eltern benutzen, um ihre Kinder damit zu malträtieren – wir meinen es doch nur gut!

»ISS DOCH EINEN APFEL, WENN DU LUST AUF WAS SÜSSES HAST«

Eltern ernähren ihre Kinder

»Iss doch einen Apfel, wenn du Lust auf was Süßes hast«

Heute erwachsene Kinder zweifelten schon damals an der Zurechnungsfähigkeit ihrer Mutter, wenn dieser Satz fiel – wie weltfremd oder verwirrt muss jemand sein, um Obst für einen adäquaten Schokoriegelersatz halten zu können? (Und übrigens, in Gummibärchen ist ja auch Obst drin!) Heute hören ebendiese Kinder sich selbst diesen bekloppten Satz sagen. Die Angst vor einem fettleibigen und kariesgeplagten Kind gewinnt offenbar generationenübergreifend die Oberhand. Und Eltern sind einfach nicht lernfähig, ignorant oder dröge – warum sonst sollten sie ständig Sätze wiederholen, von denen sie wissen, dass die Reaktion zuverlässig Zorn, Widerwillen und Frustration auslöst? Vielleicht glauben sie ja daran, dass irgendwann dieser wunderbare Tag kommen wird, an dem das Kind antwortet: »Ein Apfel? Oh prima, ich hab gerade mal wieder total Lust auf Obst!«

Auch gern gesagt:

- »Dann mach dir halt ein Käsebrot.«
- »Nicht schon wieder dieses Zuckerzeugs.«
- »Das gibt's nur am Geburtstag.«
- »Da wird dir doch nur schlecht von.«
- »Es gibt doch gleich Essen!«
- »Der Saft ist aber nicht zum Satttrinken.«

»Dann hast du auch keinen Hunger«

Wie sollen Kinder zu eigenständigen Individuen heranwachsen, wenn ihnen schon bei so simplen Angelegenheiten wie der Nahrungsaufnahme ständig und dreist hineingeredet wird?

Womöglich haben die Eltern zu viel in Elternratgebern gelesen, in denen steht, dass »ein Kind sich an Nahrung holt, was es braucht«?

Eltern sollten sich lieber mal fragen, wie sie es fänden, jeden Tag sämtliche Mahlzeiten vorgesetzt zu bekommen, ohne selbst ein Wörtchen bei der Zusammensetzung mitreden zu dürfen? Dass die Trefferquote da nicht hundert Prozent betragen kann, versteht sich von selbst. Und außerdem: Warum müssen Eltern immer so tun, als sei Hunger ein monotones, universales Gefühl, und warum ignorieren sie die feinen Nuancen, die das Gefühl des Hungers so variabel machen? Kein Hunger auf Gemüsereis heißt ja nun nicht, dass man keinen Hunger auf, zum Beispiel, Doppelkekse hat. So läuft der Hase leider nicht – kaum hat man den gesunden, unter großen Mühen gekochten Pamp verweigert und verlangt nach etwas anderem, wird man als gesättigt abgestempelt.

»Das schmeckt dir«

Schönen Dank auch, davon würde man sich doch gerne erst mal gefälligst selbst überzeugen dürfen. Zu mancher Gelegenheit schätzen Kinder es tatsächlich, wenn sie ihr Gehirn einfach ausschalten beziehungsweise auf Autopilot schalten können – wenn es etwa um das Heranschaffen von Nahrung geht, das sollen schön andere besorgen. Bei der essentiellen Tätigkeit der Nahrungsaufnahme jedoch wollen die meisten doch ganz gern selbst entscheiden, was in ihren Verdauungstrakt gerät. Bemerken die Eltern den skeptischen kindlichen Blick auf das Gemüseszenario auf dem Teller, fällt unbedingt der Satz: »Das schmeckt dir.« Seine Botschaft: »Ich kenne dich besser als du dich selbst, und weil ich dein Seelenleben und dein tiefstes Inneres derart auswendig kann, weiß ich auch ganz genau, dass du gegen Ofengemüse mit Quarkdip nichts einzuwenden haben wirst.«

Ganz nach dem Motto: Wer Spaghetti Bolognese mag, dem gefallen auch Cannelloni und Lasagne. Selbst als Achtjähriger ist man jedoch schon reichlich genervt, wenn ohne Berücksichtigung der tagesaktuellen Geschmackspräferenzen über den Kopf hinweg entschieden wird, dass einem heute und jetzt der Gemüsequatsch schmecke, als wäre die Lust auf eine bestimmte Speise eine Information, die einem von Eltern gereicht werden könnte. Ach richtig, Cordon bleu, da war doch was, richtig, das schmeckt mir ja, wie gut, dass es jemanden gibt, der mir das sagt, sonst hätte ich's glatt vergessen, ich Schussel!

Die Krönung: Die Eltern sitzen mit dem mittlerweile Mitte dreißigjährigen Kind beim Edelitaliener und beenden die Grübelei des gut doppelt volljährigen Kindes, ob es nun wirklich das Carpaccio nehmen soll, mit einem ermunternden, verschwörerischen »Das schmeckt dir«. Während das erwachsene Kind in der Achtung des Kellners in Richtung Souterrain purzelt, gibt Mutter noch zum Besten, dass man ja schon als Vierjähriger zum Erstaunen aller gerne rohes Mett verspeist habe.

Auch gern gesagt:
- »Das magst du.«

»Da waren die Augen wohl wieder größer als der Magen«

Ein Armutszeugnis für die Kreativität tadelnder Eltern, dass Kinder bis heute mit diesem wahnsinnig abgelatschten Spruch belästigt werden. Aus Sicht des Kindes gibt es gute Gründe, mehr Essen auf dem Teller zu horten, als es am Ende womöglich tatsächlich verzehren wird: Wer weiß, wann es wieder was gibt, beziehungsweise ob das dann überhaupt schmeckt? Aus Erfahrung schlau geworden hat das Kind mittlerweile schließlich kapiert, dass nicht zu jeder Mahlzeit Butterbrot pur oder Nudeln ohne alles gereicht werden. Und natürlich ebenfalls ein wichtiges Motiv: verhindern, dass die Geschwister zu viel abbekommen. Eltern wiederum geiern nach einem »Ich hab's ja gleich gewusst«-Triumphgefühl: Sobald das Kind sein Esstempo auch nur einen Hauch verlangsamt, fixieren sie die träger werdenden Löffel-zum-Mund-Bewegungen und warten nur darauf, gleich ihren Spruch aufsagen zu können.

Auch gern gesagt:
- »Sei nicht so gierig!«
- »Du kommst schon nicht zu kurz.«

»Probier doch wenigstens mal«

Wozu? Wer hat was davon? Das geschulte kindliche Auge, der geschulte kindliche Geruchssinn und vor allem die kindlichen Prinzipien brauchen keine weitere Schützenhilfe.

Ein Kind weiß, was ihm schmeckt und was nicht. Und es hat seinen Stolz. Niemals würde es, nachdem es zum Probieren genötigt wurde, zugeben, dass das Zeug tatsächlich nicht *soooo* schlecht schmeckt. Stattdessen wird ein Zitronenmund gezogen, der Körper vor Ekel geschüttelt und »Bäh!« ausgerufen, schon allein, um recht zu behalten.

Eltern wiederum haben in ihrer klugen Ratgeberliteratur gelesen, dass das Kind wenigstens mal probiert haben sollte, und wollen das eisern durchziehen; zudem wollen sie einfach nicht akzeptieren, dass sie »stundenlang in der Küche gestanden« haben, um dann solchen Undank entgegengeschleudert zu bekommen.

Auch gern gesagt:
- »Es wird gegessen, was auf den Tisch kommt.«
  (Bei ironiefreien oder völlig reaktionären Eltern womöglich noch in Gebrauch)
- »Hast du auch genug getrunken?«
- »Du musst mehr trinken!«
- »Immer brauchst du 'ne Extrawurst.«

»Du verdirbst dir bloß den Appetit«

»Appetit« ist ein Wort, mit dem man als Kind in der Regel nicht so fürchterlich viel anfangen kann. Das Kind kennt vielmehr den Impuls »Brauche Essen – jetzt!«. Es kann auch wenig anfangen mit taktischen, in die Zukunft gerichteten Überlegungen, wenn es um Nahrungsaufnahme geht. Wenn um 18 Uhr der Hunger brüllend ist, dann kann es keinerlei Trost sein, dass es angeblich doch gleich Abendbrot gebe. »Gleich« kann zu spät sein. Und so nervt man Mutter oder Vater so lange, bis sie endlich mindestens ein Butterbrot rausgerückt haben. Das mampft man zufrieden und verdrängt den Ärger, den es gleich geben wird, wenn man den Gemüseeintopf verweigert: »War ja klar, dass du jetzt keinen Hunger mehr hast.« Dabei sollten sie doch eigentlich wissen, dass man den Gemüseeintopf sowieso nicht mal mit dem kleinen Finger angerührt hätte, selbst wenn der Verzehr der letzten Stulle bis in die frühen Morgenstunden zurückgelegen hätte.

Auch gern gesagt:
- »Dann hast du später keinen Hunger mehr.«
- »Aber es gibt doch gleich Essen.«

»Davon kriegst du Löcher in den Zähnen«

Während Eltern meinen, durch den Ausruf »Das ist doch so gesund« das Kind zur Aufnahme von Vitaminen bewegen zu können, sind sie immerhin so schlau zu wissen, dass die spiegelverkehrte Ansage »Aber das ist doch so ungesund« ebenso wenig zum gewünschten Erfolg führen wird. Deshalb werden sie beim Versuch, das Kind vom Konsum vermeintlich gesundheitsschädlicher Genussmittel abzuhalten, um einiges phantasievoller – um nicht zu sagen: Sie entwerfen Horrorszenarien, von denen ein zartbesaitetes Kind Albträume bekommen könnte. Von riesigen, schwarzen Löchern in ihren kleinen Milchzähnen, die sich unaufhaltsam ihren Weg fressen, von riesigen Bohrern, deren metallenes Geräusch das Trommelfell zu sprengen droht. Diese Horrorsequenzen dauern freilich nur kurz an. Schon wenige Augenblicke später befindet sich das Kind wieder in der Realität – und setzt alles daran, noch ein bisschen vom Zuckerzeugs zu ergattern. Die Pragmatischeren unter den etwas jüngeren Kindern scheren sich ohnehin nicht um die vermeintlich düsteren Zukunftsszenarien – die Milchzähne fallen ja eh bald mal aus, was kümmert einen da das eine oder andere Loch?

Auch gern gesagt:
- »Immer dieses pappige Zeug.«

»Das schmeckt doch gut!«

In seiner Verzweiflung und Hilflosigkeit kommt der Satz fast ein bisschen rührend daher. Mal ganz abgesehen davon, dass die Frage, ob etwas gut schmeckt, eine ebenso subjektive ist wie die, ob eineinhalb Tüten Gummibärchen pro Tag zu viel oder gerade die richtige Ration ist: In der Geschichte der Menschheit, das kann man mit ziemlicher Garantie sagen, hat es noch kein einziges Menschenkind gegeben, das eine zuvor abgelehnte Speise zu sich genommen hat, weil ein Erziehungsberechtigter übertrieben gutgelaunt oder nachdrücklich verzweifelt »Aber das schmeckt doch gut« geflötet hat.

Es ist ja nicht so, als würden Eltern beim Thema Essen lügen. Nicht unwahrscheinlich, dass Eltern die ungesalzene Pampe aus Hirse, Baby-Blattspinat und Brokkoli tatsächlich lecker finden. Der Satz ist dennoch nicht originell, da sehr leicht auszukontern. (Dreijährige in der Warumphase fragen »Warum?«, alle anderen sagen »Nein«.)

Tja, und wenn das Kind wenig später mit der Prinzenrolle unterm Arm Reißaus nimmt, sind die Argumente auf seiner Seite: »Aber das schmeckt doch gut!«

»Es wird gegessen, was auf den Tisch kommt«

Junge Eltern von heute haben natürlich in diversen Ratgebern und Zeitungsartikeln gelesen, dass man seinem Kind auf keinen Fall den Spaß am Essen verderben darf und dass genau das passiert, sollte man auf die wahnsinnige Idee kommen, es zum Verzehr eines Gerichts zu nötigen. Geduldig schneidet man also rotes und gelbes Gemüse in Rauten, weil das Kind diese Woche ausschließlich rautenförmiges Gemüse in Rot und Gelb verspeisen möchte. Wird dieses dann entgegen dem Wochenmotto verweigert, kann die Lage je nach elterlicher Dünnhäutigkeit eskalieren. Wer auf die altväterliche Variante (»Es wird gegessen, was auf den Tisch kommt«) verzichtet, macht sich mit »Du isst das jetzt verdammt nochmal auf« auch nicht unbedingt beliebter.

Auch gern gesagt:
- »Mit Essen spielt man nicht!«

»Das ist doch noch gut!«

»Der ist nicht mehr gut«, kräht das neunmalkluge Kind, das mittlerweile in der Lage ist, das Mindesthaltbarkeitsdatum auf Puddingdeckeln zu entziffern, und dessen Kontrollblick nicht entgangen ist, dass der Pudding, der ihm gerade untergejubelt werden soll, bereits seit zwei Tagen »abgelaufen« ist. Völlig zu Recht wird nach Ansicht vieler Eltern eine politische Diskussion über Sinn und Unsinn des Mindesthaltbarkeitsdatums geführt – sie folgen schon längst einem einfacheren Prinzip: »Was noch gut schmeckt, ist auch noch gut.« Deshalb nehmen sie dem Kontrollkind den Pudding ab, probieren einen Löffel und rufen triumphierend: »Ist doch noch gut!« Das Kind bleibt skeptisch, schließlich hat es auch schon erleben müssen, wie Mutter eine dünne Schimmelschicht vom Quark kratzte und denselben Satz sagte.

Eltern, die heute auch schon Großeltern sind, sind aufgrund ihrer Zugehörigkeit zur »Nachkriegsgeneration« entschuldigt. Ihnen sieht man es eher nach, dass sie die Pizza ohne den Belag, welchen die Teenagertochter, die gerade Low Carb macht, runtergekratzt hat, vertilgen, damit ja nichts weggeschmissen wird. Das Nicht-Wegschmeißen von Lebensmitteln wurde in vielen Familien allerdings so konsequent durchgezogen und die Kinder damit infiltriert, dass auch eine Generation später gilt: Die Milch ist nicht sauer, »die hat nur einen Stich«.

»Aber das ist doch so gesund«

Wie naiv können Eltern eigentlich sein? Ein Nahrungsmittel so zu beschreiben, das ist in etwa so, als würde man versuchen, dem Kind den Zahnarztbesuch mit »Aber der bohrt doch immer so schön« schmackhaft zu machen. Normalerweise sind Eltern Meister darin, ihre wahren Absichten zu verschleiern und das Kind durch Euphemismen dazu zu bringen, etwas zu tun, das es eigentlich nicht will. Beim Thema Ernährung jedoch, zermürbt von den täglichen Kämpfen um eine ausreichende und vom Nährstoffgehalt her akzeptable Essenszufuhr, vergessen sie ihre Tarnung. Da können sie noch so viele Ratgeber (»So schmeckt's auch Kindern«) auswendig gelernt haben – die kleinen Satansbraten tun nicht so wie ihnen im Buch geheißen (»Schnitzen Sie doch mal lustige Figuren aus Gurke, Möhren & Co – wetten, dass die Kleinen beherzt zugreifen werden?«). Die Kleinen allerdings führen die lustigen Figuren mit einer beherzten Kehrbewegung dem Fußboden zu. Erst mal wird dann ein weiterer Klassiker der verzweifelten Versuche gestartet, das Kind zum Essen zu bewegen: Mutter oder Vater klaubt die mit Staub oder Haaren verklebten Gemüsesticks wieder auf, täuscht deren Verspeisen vor und ruft: »Mmmmh, ist das lecker, gut dass du das nicht essen magst, dann bleibt mehr für mich!« Die wenigsten Kinder lassen sich von derart tumben Manipulationsversuchen beeinflussen. Fast alle lehnen sich genüsslich im Hochstühlchen zurück und warten, bis der Elternteil verzweifelt die letzte Deckung über Bord wirft: »Aber das ist doch so gesund«, rufen sie, wahrscheinlich mehr zu sich selbst als zum renitenten Kind, das ganz bestimmt bald dem Skorbut anheimfallen und unter Knochenschwund leiden wird, weil es einfach nicht dazu zu bewegen ist, sich etwas anderes als »Nudeln pur« einzuverleiben.

Auch gern gesagt:
- »Esst Salat!«
- »Aber da sind ganz viele Vitamine drin, die du brauchst.«

»DA WÄCHST DU SCHON NOCH REIN«

Eltern als Stilberater

»Da wächst du schon noch rein«

Der Satz ist kein Trost, wenn die Hose gewaltsam von demütigenden Hosenträgern in Position gehalten werden muss oder man ständig auf die Nase fällt, weil man über zehn Zentimeter zu lange Hosenbeine stolpert (»Kannst du doch hochkrempeln«). Überhaupt, die Fähigkeit des »Krempelns« ist eine, die man beherrschen sollte in den Jahren des Heranwachsens. Nachdem Eltern immer, ja immer das Gefühl haben, das Kind sei eine Woche nach dem Kleiderkauf eigentlich fast schon wieder aus der gewählten Größe rausgewachsen, kaufen sie vorsorglich zwei Nummern größer, das Kind läuft also wochen- und monatelang in einem zu großen Anorak herum. Und wenn er dann endlich passt, ist Hochsommer. Wie gut, dass bereits ein paar Shorts, die bis zum Knöchel reichen, im Schrank parat liegen.

Auch gern gesagt:
- »Sitzt doch wie angegossen.«

»Zieh doch mal einen Blazer an«

Welchem mysteriösen Sinn für Ästhetik entspringt die irre elterliche Faszination für den Blazer? Oder auch für das Sakko und das Jackett? Am liebsten wäre es Müttern, ihre Kinder würden jeden Tag rumlaufen, wie Reinhold Beckmann die Sportschau moderiert: lässig und doch schick!

Womöglich ist es ja auch schwer zu verkraften, dass das eigene Kind irgendwann als Anziehpuppe ausgedient hat. Meist beginnt schon im Alter von drei Jahren eine Phase, in der das Kind selbst über seine Garderobe verfügen möchte, was im Winter zu Komplikationen führt, wenn das Kind bei minus fünfzehn Grad sich in seiner »Madita«-Phase befindet und ausschließlich Kattun- und Leinenkleidchen ohne Strumpfhosen tragen möchte.

Mit Eintritt in die Pubertät wird es haarig. Für Eltern ist es schwer zu ertragen, jeden Tag mit ansehen zu müssen, wie das Kind sich mit »kaputtgeschnittenen« Jeans und knielangen T-Shirts oder Hotpants über durchlöcherten Netzstrumpfhosen verunstaltet. Das Bollwerk gegen diesen verlotterten Kleidungsstil konzentriert sich auf ein Kleidungsstück, auf das sich anscheinend alle Eltern einigen können: den Blazer. Nicht etwa der Pullunder oder eine Bluse, nein, ein Blazer. Dabei haben die meisten Kinder schlechte Erfahrungen mit diesem Kleidungsstück gemacht: Die einzige Gelegenheit, bei der man schwach geworden war und so getan hatte, wie einem geheißen wurde, war die Firmung oder Konfirmation. Die Bilder zeigen eine Ansammlung verwachsener Teenager mit Clownkrägen und überdimensionierten, kastenförmigen Blazern über Bundfaltenshorts. Das erwachsene Kind überkommt bei der Blazerempfehlung also ein ähnliches Schaudern wie das pubertierende.

Besonders wenn ein Event im Verwandtschaftskreis ansteht, flehen Mütter ihre Kinder regelrecht an, sich doch was Vernünftiges anzuziehen. »Deine Cousine Eva hat auch immer so schöne Kleider an.« Das Argument verfängt natürlich mal so gar nicht. Während also Cousine Eva wie gewohnt im schicken Kleidchen in der ersten Reihe sitzt, um irgendeiner anderen Cousine beim Heiraten zuzusehen, schlurft das blazerresistente Kind hinter beschämtem Eltern in Baggy Pants, riesigen Turnschuhen sowie einem »Rage against the Machine«-T-Shirt in die Kirche.

Interessanterweise kommt die Sakkoforderung nicht etwa von ständig in Blazern gekleideten Eltern, nein, Mutter fläzt sich natürlich fast immer schön praktisch in der Funktions-Dreiviertelhose und dem

Fleece-Pullover aufs Sofa – kann sie nachher fürs Nordic Walking gleich anbehalten!

Auch gern gesagt:
- »Aber Türkis steht dir doch so gut.«
- »Sieht doch total schick aus.«
- »Lass dir doch mal eine pfiffigere Frisur machen.«
- »In dem Aufzug nehmen wir dich nicht mit.«
- »So willst du da hingehen?«

»Jeans ist Jeans«

Auch ein Kind ist ein soziales Wesen und hat das Bedürfnis, Teil einer Gruppe zu sein, dazuzugehören. Blöd nur, wenn diese Inklusion ans Portemonnaie der Eltern gekoppelt ist. Die kennen keine Gnade, oder aber sie wollen keine kennen. Lassen sich selbst einen Volvo V50 raus, weil sie den cooler finden als einen schnöden Skoda, und lassen dann nicht mal popelige 200 Euro für eine Diesel Jeans im »Relaxed Fit« springen.

Wer sein pubertierendes Kind schon mal dabei beobachtet hat, wie es versucht hat, das Lederetikett einer ausrangierten, dreißig Jahre alten Levi's Jeans seiner Eltern auf die eigene »Clock Orange«-C&A-Jeans zu nähen, und dabei die pure Verzweiflung ins

Gesicht geschrieben hatte, der müsste doch kapieren, dass der Satz eine Lüge ist, war und immer bleiben wird. Aus Elternsicht wiederum verständlich, dass sie schwerlich den Sinn darin erkennen, ihrem Kind für 150 Euro aufwärts eine aus Denim gefertigte Hose zu kaufen, die anschließend mit Hilfe einer Schere zur Schrottreife gebracht wird oder schon im Neuzustand dank Flicken und einiger Risse recht ramponiert daherkommt. (»Den Fetzen willst du anziehen?«)

Um den Finger besonders tief in die Wunde zu legen, muss unbedingt der tröstende, verständnislose Satz fallen: »Die sieht doch genauso aus.«

Mildert den cholerischen Anfall im Kaufhaus auch nicht unbedingt ab: »Du willst doch nicht nur deshalb gemocht werden, weil du einen teuren Pullover anhast.«

Auch gern gesagt:
- »Für ein Stück Stoff geb' ich doch keine 40 Euro aus!«

»Du brauchst bestimmt noch eine Übergangsjacke«

Was für das frühe Kleinkind sein Übergangsobjekt, das ist den Eltern die Übergangsjacke. Irgendwie ist ja meistens Übergang: vom Sommer zum Herbst, vom Herbst zum Winter, vom Winter zum Frühling, vom Frühling zum Sommer ... nicht auszudenken, wenn das erwachsene, mittlerweile einen eigenen Haushalt führende Kind dann entweder in seiner dicken Daunenjacke schwitzen oder im dünnen Blouson sich den Tod holen würde, weil es, ganz auf sich gestellt, vergisst, sich um adäquate Saisonkleidung zu bemühen. Nein, eine Übergangsjacke muss her, deren Charakteristika schwer zu beschreiben sind, im Zweifelsfall sieht sie ziemlich uncool aus. Eine Art leicht gefütterter Windbreaker zum Beispiel, dessen Ärmel man praktischerweise per Reißverschluss abnehmen kann. »Praktisch« ist bei der Übergangsjacke das Schlüsselwort. »Form follows function« in Reinkultur. In Wahrheit steckt hinter der Sorge um das Vorhandensein einer Übergangsjacke natürlich etwas Größeres: nämlich die Hoffnung, dem Kind möge es immer gutgehen. Auch wenn Vater und Mutter nicht mehr die totale Kontrolle darüber haben.

Auch gern gesagt:
- »Eine Winterjacke muss über den Po gehen.«
- »Um die Zeit kann's jetzt nachts schon richtig kalt werden.«

»In die Parfümflasche gefallen?«

Vor allem Väter scheinen kollektiv über einen Geruchssinn zu verfügen, mit dem sie Jean-Baptiste Grenouille, dem Irren aus »Das Parfum«, problemlos Konkurrenz machen könnten. Am liebsten wäre es ihnen, ihre Töchter würden sich ausschließlich mit Kernseife reinigen. Schon der Gebrauch von Duschgel bereitet ihnen Kopfweh, wenn sie die frisch geduschte Tochter morgens im Auto zur Schule bringen müssen. Deshalb macht es ihnen besonders schwer zu schaffen, dass Mädchen im Teenageralter allesamt eine Phase durchmachen, in der sie sich bevorzugt mit schweren Düften wie Vanille, Kokos und Patschuli besprühen. Die größten Feinde der Väter heißen Bodyshop und Douglas. Oder aber Mutters Parfüm wird heimlich mitbenutzt. Warum sollte nur sie das Recht haben, sich in eine ordentliche Wolke »Chanel No. 5« oder »Laura Biagotti Venezia« zu hüllen? Eltern sehen das naturgemäß anders, in Sachen Körperpflege würde es ihnen eigentlich reichen, wenn das Kind sich ab und zu waschen würde.

Auch gern gesagt:
- »Du riechst schon wieder nach Kopfschmerzen.«
- »Wie lange brauchst du denn noch im Bad?«
- »Nach was riechst du denn schon wieder?«

»So gehst du mir nicht aus dem Haus«

Ein fast schon zum Klischee gewordener Klassiker: hilflose Versuche der Eltern, die äußere Erscheinung ihres Kindes einigermaßen ihren Maßstäben von Anstand und Sitte getreu zu kontrollieren. Unverständlich, warum Eltern sich trotzdem an dieser Sisyphos-Aufgabe versuchen. Wenn die dreizehnjährige Tochter dann tatsächlich schmollend in einer Jeans das Haus verlässt, dann können die Eltern davon ausgehen, dass fünf Minuten später die Jeans entfernt und die maximal gürtelbreiten Hotpants und die pinkfarbene Strumpfhose wieder freigelegt sind. Und dass sich in der Tasche des Kindes ein Schminkbeutel befinden könnte, mit dem Smoky Eyes und Marilyn-Lippen im Nu wiederhergestellt sind, wird offenbar erfolgreich verdrängt.

Auch gern gesagt:
- »Du hast so ein hübsches Gesicht, das musst du doch nicht mit Schminke zukleistern.«
- »In den Schminktopf gefallen?«
- »Wisch dir das Zeug aus dem Gesicht, das sieht ja ekelhaft aus.« (Babys Vater in »Dirty Dancing«)

»Trägt man das jetzt so?«

Fällt dieser Satz, würde der durchschnittliche Teenager seine Eltern am liebsten erwürgen. Die Reaktion fällt deshalb so vehement aus, weil den Eltern gelungen ist, was man niemals zugeben würde: einen heiklen Punkt zu treffen. In Wahrheit hat man den gesamten Nachmittag im Jugendzimmer verbracht und sich mit der quälenden Frage geplagt, ob man die flaschengrüne Leggings mit dem groben Strickpullover und den weißen Minishorts kombinieren kann, ohne nuttig zu wirken. Nun hat man sich mal getraut, aus dem Einheits-Jeans-und-Pulli-Look auszubrechen und was anzuziehen, was die wirklich coolen Peergroup-Mitglieder scheinbar völlig souverän und selbstverständlich tragen; jetzt kommt man sich ein bisschen toll vor, fürchtet aber auch schon das gnadenlose Urteil der »Clique« (O-Ton-Eltern). Und fühlt sich durch den blöden Spruch der Eltern irgendwie ertappt: Das Ganze soll doch möglichst beiläufig wirken! Und außerdem missfällt einem die unterschwellige Aussage des Satzes: Du hast ja eh keinen eigenen Willen, geschweige denn einen eigenen Modegeschmack, sondern läufst einfach in der Herde mit.

Auch gern gesagt:
- »Also dass die Jeans heutzutage so weit unten sitzen müssen.«

- »Wie siehst du denn schon wieder aus?«
- »So willst du raus?«

»Ist hundert Prozent Baumwolle«

Was hat es bloß mit dem Baumwollfetisch von (Groß-)Müttern auf sich? Schon ein klitzekleiner fünfprozentiger Elasthan-Anteil lässt sie die Nase rümpfen, wenn ein Kleidungsstück mit dieser Zusammensetzung an den zarten Babykörper des Enkelkindes geraten ist. Dabei waren mindestens die Hälfte der Nicki-Leibchen und Strampler, die das mittlerweile erwachsene Kind in seiner Babyzeit tragen musste, zu hundert Prozent aus Polyester und zur Stromerzeugung bestens geeignet. Vielleicht hat Mutter in den Siebzigern und Achtzigern einfach zu viele Stromschläge von ihren durchgeschwitzten Kindern erhalten, so dass ein Umdenken stattgefunden hat? Jedenfalls hat sie das Totschlagargument nun stets auf ihrer Seite. Schleppt sie mal wieder einen Pullover mit billig aussehendem Bärchen- oder Pseudo-College-Aufdruck für den Enkel an, der unter dem gestrengen Snobblick der Eltern sofort ausgesiebt wird, triumphiert sie: »Ist aber hundert Prozent Baumwolle!«

»Wollte nur kurz Bescheid geben, bei Tchibo gibt's diese Woche Thermohosen«

Wohnen die Kinder nicht mehr im selben Haushalt, können Eltern leider nicht mehr ganz so einfach deren Ausstattung für die Widrigkeiten des Lebens auf Vollständigkeit überprüfen. Vor allem Mütter können sich fortan nie mehr voll auf den eigenen Einkauf konzentrieren, da sie stets eine imaginäre Liste abarbeiten, welche Gegenstände dem Kind fehlen könnten, um wohlbehalten durch seine elternlosen Tage zu gelangen. In unregelmäßigen Abständen erhält das Kind Anrufe, um über aktuelle Schnäppchen und Einkaufsmöglichkeiten auf dem Laufenden gehalten zu werden. Thermowäsche bei Tchibo, Elektronikwoche bei Karstadt, 50 Prozent auf Büromaterialien bei Aldi – würde man den elterlichen Einkaufsberatungen nachkommen, könnte man bald eine zweite Wohnung anmieten, um den ganzen Kram irgendwo zu verstauen.

»Das ist aber praktisch«

Klassischer taktischer Fehler: dem Kind eine Sache schmackhaft machen zu wollen, indem man die Funktionalität des Produkts preist. Da mag dieses Gebilde, welches eine Art Zwitter aus Schal und

Mütze darstellt und nicht vom Kind gewaltsam vom eigenen Kopf entfernt werden kann, ja praktisch sein – das Kind wird seinen Widerstand gegen das kratzige Ding deshalb ganz sicher nicht aufgeben. Und auch, dass sich die Ärmel von der Michelinmännchenjacke abnehmen lassen und sich die Kugeljacke in eine nicht minder unförmige Weste verwandeln lässt, macht sie für das Kind nicht tragbarer. »Praktisch« ist eine Kategorie, die ausschließlich im Gehirn eines Erwachsenen gebildet werden kann – Erwachsene sollten sich also besser still im Geiste auf die Schulter klopfen angesichts ihres funktionalen Einkaufs und das Kind auf keinen Fall spüren lassen, dass ihm da etwas Praktisches angedreht werden soll – der Begriff lässt beim hellhörigen Kind nämlich sofort die Alarmglocken schrillen. Da hätte man auch gleich sagen können: »Das Teil sieht zwar echt doof aus, aber es erfüllt seinen Zweck.«

Auch gern gesagt:
- »Da hat man lange was von.«
- »Hauptsache, du frierst nicht.«

»Deine Pickel
sieht man doch fast gar nicht«

Eltern mögen manches können, eins aber unter Garantie nicht: einem von Selbstzweifeln zerfressenen Teenager ein gutes Körpergefühl vermitteln. Sie wollen und können sich auch nicht mehr hineinversetzen in die verworrene Gefühlswelt einer Dreizehnjährigen, die sich seit zwei Tagen in ihrem Zimmer verschanzt hat und zu den Mahlzeiten mit gesenktem Haupt erscheint, das Gesicht von Haarsträhnen verdeckt. Elterlicher Trost wird mit dem Holzhammer verabreicht. Schon allein das ausgesprochene Wort »Pickel« löst bei der pubertierenden Tochter Panikattacken aus, das leicht ungeduldig-versöhnliche »Deine Pickel sieht man doch fast gar nicht« hat also lediglich den Effekt, dass unter dem Haarvorhang laut aufgeheult wird und das Haarmonster türeknallend das Zimmer verlässt.

Als Eltern bewegt man sich bei dem Thema auf hauchdünnem Eis. Stellt man dem Kind eine Flasche »Clearasil« für die jugendliche Problemhaut hin, kann es passieren, dass die Aktion einen weiteren Tobsuchtsanfall auslöst (»Du findest wohl, ich hab das nötig, oder was?«).

Auch gern gesagt:
- »Ach, das fällt doch gar nicht auf.«

- »So schlimm sieht's doch gar nicht aus.«
- »Du bist so hübsch, da machen doch die paar Pickel nichts.«

»RUFST DU AN, WENN DU DA BIST?«

Eltern machen sich Sorgen

»Rufst du an, wenn du da bist?«

Das Fragezeichen am Ende des Satzes soll andeuten, dass Mütter in der Regel versuchen, ihm eine beiläufige Note zu geben. In Wahrheit würden sie ihn gern wie eine flehentliche Bitte ausstoßen, mit mindestens drei Ausrufungszeichen. Nichts beunruhigt Mütter mehr als das eigene Kind in der Hölle des Straßenverkehrs, nur umgeben von einer dürftigen Schutzhülle aus Blech. Hätten mehr Kinder eine schwarze Bahncard, dann gäbe es sehr viel weniger Mütter mit Magengeschwür, abgekauten Fingernägeln und stressbedingtem Bluthochdruck.

Falls man es versäumt, nach einer längeren Autofahrt abends anzurufen (etwa, weil ein lästiger Stau auf der A9 dazu führte, dass man erst kurz vor Beginn des »Tatorts« in der eigenen Wohnung ankam und deshalb keine Zeit mehr zum Telefonieren hatte), beginnt im Elternhaus eine unruhige Nacht.

Mama will nämlich selbst nicht anrufen, um ihren Ruf als überbesorgte Glucke nicht zu zementieren. Stattdessen zählt sie anstelle der Schäfchen die Hindernisse, die das Kind an einer sicheren Heimkehr gehindert haben könnten: Sekundenschlaf, Fadenregen, in der Kurve liegendes Stauende, Tiere auf der Fahrbahn, Geisterfahrer und natürlich: die Dummheit der anderen.

Der Satz ist also Mamas verzweifelter Versuch, die Kontrolle über die Sicherheit und das Wohlergehen der Kinder nicht aus der Hand zu geben – und doch weiß sie: Es ist vergeblich.

Früher konnten Eltern die sichere Heimkehr immerhin noch persönlich überwachen. Das gerade volljährige Kind verließ das Haus mit stolzgeschwellter Brust und dem Schlüssel zu wahlweise Papas Audi, Mamas Polo oder dem rostigen eigenen Opel Kadett. Dann blieb es in der Regel beim routinemäßigen »Vorsichtig fahren!«. Wurde man hingegen abgeholt, musste ein intensiveres Verhör über die Person am Steuer erduldet werden (»Der Stefan trinkt aber nix, wenn er fährt, oder?«). Egal, wie man die paar Kilometer in die nächste Dorfdisko hinter sich brachte, wenn man um vier Uhr morgens die Tür aufschloss, saß entweder Mutter oder Vater im Frottee-Morgenmantel mit kleinen Augen im Wohnzimmer und murmelte so was wie »Och, musste eh noch die Steuern fertigmachen«. So konnten die Eltern mit der beruhigenden Kenntnis zu Bett gehen, dass das Kind sich nicht mitsamt dem Kadett um einen ungünstig stehenden Alleebaum gewickelt hatte.

Irgendwann aber sind die erwachsenen Kinder aus dem Haus, und Eltern werden sich niemals mit dem Prinzip »Keine Nachrichten sind gute Nachrichten« anfreunden. Sie wollen ja nicht viel, außer einem kleinen Lebenszeichen! Das gilt auch bei Flugreisen in ferne Länder. Vielleicht mal eine Mail schreiben, falls man zufällig an einem Internetcafé vorbeikommen sollte? Pustekuchen. Nach Ankunft wird erst mal ein Viertel der nächsten Monats-Handyrechnung in einen verwackelten Anruf nach Deutschland investiert, der sich unangenehm in die Länge zieht: Eigentlich würde man annehmen, dass die Eltern, um die enormen Roaming-Gebühren nicht ungebührlich in die Höhe zu treiben, auf ein sofortiges Auflegen bestehen würden, nachdem sie sich vom Wohlbefinden des Kindes am anderen Ende der Welt überzeugen konnten. Stattdessen ruft Papa fröhlich aus dem Hintergrund: »Mutti, frag doch mal, wie bei denen drüben das Wetter so ist!«

Auch gern gesagt:

- »Macht zwischendurch mal eine Pause.«
- »Richtgeschwindigkeit fahren, spart auch Benzin!«
- »Vorsichtig fahren, könnte glatt sein draußen!«

- »Immer mit der Dummheit der anderen rechnen!«

»Mach's dir doch einfach mal zu Hause gemütlich«

Eltern können grundsätzlich nicht nachvollziehen, warum es ihre Kinder ständig in die ungemütliche Welt da draußen zieht, wenn man nach der »Tagesschau« doch einfach ein bisschen auf dem Sofa sitzen bleiben, herumzappen, den »Tatort« oder »Report Mainz« gucken könnte. Nicht so nette Eltern reagieren unwirsch: »Was ist denn jetzt schon wieder so wichtig?«, nettere Eltern sind besorgt und sehen angesichts der ausufernden sozialen Verpflichtungen ihres Kindes einen Burnout im jugendlichen Alter herannahen.

Wenn dem Kind vor seinem abendlichen Abgang unvorsichtigerweise aus Versehen die Andeutung eines Gähnens entfährt, nimmt Mutter hurtig den Faden auf: »Mach's dir doch einfach mal zu Hause gemütlich«, am besten »mit einem schönen Buch«. (»Ich les' ja gerade so einen oberbayerischen Krimi, der ist echt gut!«)

Der Grundgedanke ist natürlich der Evolution geschuldet: Die Sippe soll zusammengehalten werden – jedes Nichtverlassen ist eine Gelegenheit we-

niger, bei der das Kind durch Geisterfahrer, Verge-
waltiger, umfallende Bäume, gepantschten Alkohol
und sämtliche weitere Unbill des Lebens zu Schaden
kommen könnte.

Auch gern gesagt:
- »Was, um die Zeit willst du noch raus?«
- »So spät willst du noch weg?«

»Du verkühlst dir noch die Nieren«

Mit ziemlicher Gewissheit gibt es keinen nachgewie-
senen Fall, bei dem sich eine minderjährige Person
aufgrund von zu spärlicher Kleidung tatsächlich die
Nieren verkühlt hat. Vor langer, langer Zeit scheint
irgendeine Propagandamasche richtig gut funktioniert zu haben, jedenfalls ist die Angst vor der Nie-
renverkühlung ein Dauerbrenner. Eltern wäre es am
liebsten, der »Body« wäre nicht nur bis Größe 104
(also für Kleinkinder), sondern mindestens in Grö-
ßen, die Teenagern bis sechzehn Jahre passen, erhält-
lich – also eigentlich für immer. Irgendwie würden
sie ihre halbwüchsigen Kinder schon in die Dinger
zwingen, damit endlich die empfindliche Region
zwischen Poansatz und Bauchnabel verhüllt bliebe.

Natürlich spielt aber noch eine andere Angst mit:
die vor der Verlotterung. Den Warnhinweis könnte

man genauso in diese Richtung übersetzen: »Bauch-frei, das sieht doch asozial aus!«

Auch gern gesagt:
- »Zieh dir lieber was Gescheites an.«
- »Du holst dir noch eine Lungenentzündung!«
- »Schon wieder das dünne Hängerchen?«
- »Mit nassen Haaren kannst du doch nicht nach draußen!«

»Was schaust du denn schon wieder für einen Schrott?«

Das Privileg eines eigenen Fernsehers im Kinder-zimmer ist und war nur wenigen Glücklichen ver-gönnt. Alle anderen müssen das immer wiederkeh-rende quälende Spiel ertragen: Gebannt sitzt man vor »Gute Zeiten, schlechte Zeiten«, Vater kommt rein, stellt sich hinter einen, stützt seine Pranken an der Sofalehne ab und verfolgt für einige Minuten das Geschehen. Grunzt dann auf und ätzt, halb mitlei-dig, halb verächtlich: »Was guckst du denn schon wieder für einen Mist?«

Okay, man hat niemals behauptet, »Gute Zeiten, schlechte Zeiten« sei was fürs Feuilleton. Aber kann man nicht trotzdem mal in Ruhe verfolgen, ob Lilly und Vince zusammenkommen oder nicht?

Besonders schlimm wird es, wenn Sexszenen ins Spiel kommen. Mangels eines privaten Fernsehers im Jugendzimmer bleibt einem nichts anderes übrig, als gemeinsam mit den Eltern nach der »Tagesschau« im Wohnzimmer zu hocken und zu gucken, was das Programm so hergibt. Man kann also nur hoffen, dass der »Tatort« ohne Sexszenen auskommt, sonst wiederholt sich das immer gleiche Spiel: Kind und Eltern kauen betont ungerührt auf ihren Erdnussflips herum, tun besonders beiläufig, während auf dem Bildschirm Zärtlichkeiten ausgetauscht werden, dem Kind wird ein bisschen heiß vor Verlegenheit. Besonders gemeine Väter rufen irgendwann: »Uiui, schau mal, was machen die denn da?«

Auch gern gesagt:
- »Mach doch mal die verdammte Glotze aus!«

»Lies doch einfach mal ein gutes Buch«

Kein Wunder, dass Eltern den geistigen Verfall ihrer Kinder so beharrlich fürchten: Schon bei den Vorsorgeuntersuchungen im Kleinstkindalter wird ihnen eingeimpft, dass es ohne beharrliches Vorlesen nicht nur mit dem Kind, sondern auch mit der gesamten Bildungsrepublik bergab gehen würde, noch ehe man »Wittgenstein« korrekt buchstabiert hätte.

In der Regel machen es gerade kleinere Kinder ihren Eltern leicht und schleppen, schon Monate bevor sie überhaupt das erste Wort sagen, Bilderbücher herbei, um »vorgelesen« zu bekommen. Irgendwann jedoch kippt die Stimmung. Und zwar dann, wenn Eltern beginnen, zwischen »guten« und »schlechten« Büchern zu unterscheiden. Comics zum Beispiel sind in ihren Augen »schlechte Bücher«. Verzweifelt versuchen sie, dem Achtjährigen die »lustigen Taschenbücher« auszureden und ihm Christine-Nöstlinger-Bücher unterzujubeln. Die halb vorwurfsvolle, halb ermunternde Information »Die hab ich, als ich in deinem Alter war, total gern gelesen« ist dabei nicht unbedingt ein kluger Schachzug. Um Kinder zum Lesen zu bewegen, sollte man womöglich nicht zu viel drüber reden. Auf »Mir ist langweilig, was soll ich machen?« die beliebte Antwort »Lies doch mal ein Buch« zu geben, führt in der Regel dazu, dass garantiert genau das nicht passiert. Und was soll man auf ein genöltes »Och nö, sind viel zu viele Buchstaben« noch groß erwidern?

»Du erzählst mir ja nie was«

Und dafür gibt es in der Regel gute Gründe. Als ob es mit »Ich habe eine neue Freundin namens Anja« oder »Der Paul wurde auf dem Schulhof mit drei Tüten Pillen erwischt und ist jetzt im Internat« getan wäre. Was folgt, ist ein Kreuzverhör, mit dem Mutter jedem Staatsanwalt Konkurrenz machen könnte. »Anja, Anja wie noch? Geht sie in deine Klasse? Was machen ihre Eltern so beruflich? Wie habt ihr euch denn kennengelernt?« Und, die Krönung: »Habt ihr schon über Verhütung nachgedacht?«

Neben dem Kreuzverhör ist die mütterliche Kommentierung des Geschehens ebenso schwer erträglich: »Paul, Paul wie noch? Was sagen denn da die Eltern? Hast du auch was damit zu tun? Da muss die Schule doch reagieren! Auf welches Internat geht er denn nun? Na, ein Glück für die Eltern, dass sie sich das leisten können!«

Würde sie sich auf »Anja, ach ja, schön« oder »Oh, Paul, das ist ja nicht so schön« beschränken, müsste sie ihr Wissen nicht aus Sekundärquellen beziehen (»Du, ich hab die Mutter vom Florian beim Einkaufen getroffen, du hast mir ja gar nicht erzählt, dass der Paul …«) – zum Trost sollte Mutter sich bewusstmachen: Florians Mutter hat die Info höchstwahrscheinlich auch nicht von Florian. Wahrscheinlich hat sie die mit gesenktem Haupt durch den Supermarkt schleichende Mutter von Paul getroffen und gestellt.

»Üb mal wieder Klavier«

Ein Großteil der täglichen Kommunikation zwischen Eltern und Kindern besteht darin, dass Erstere die Erfüllung diverser Pflichten anmahnen. Das Erlernen eines Instruments ist etwas, womit es sich später herrlich prahlen lässt (»Ich bin wirklich froh, dass meine Eltern mich da gefördert haben / dass meine Eltern da so dahinter waren«). Die Realität der langen Jahre, in denen das Instrument erlernt wird, sieht allerdings weit weniger rosig aus. Das verdrängen die erwachsenen Instrumentenspieler gern. Die schlichte Variante »Üb mal wieder Klavier« ist nämlich noch die harmlose Variante. Eltern schrecken auch nicht davor zurück, per Zwangsanordnung dafür zu sorgen, dass das verdammte Kind die musikalische Früherziehung annimmt (»Du gehst erst raus, wenn du eine halbe Stunde Klavier gespielt hast«). Blöd nur, wenn sich Vater und Mutter in der Musizierfrage gegenseitig sabotieren. Da hat Mutter das bockige Kind mit Hilfe diverser Drohungen endlich verbal auf den Klavierhocker geprügelt, da kommt Vater nach Hause und macht alles kaputt: »Kann das Geklimper jetzt bitte erst mal eine halbe Stunde aufhören?«

Auch gern gesagt:
- »Deine Klavierstunden kosten uns teures Geld!«

»Das ist doch Selbstmord auf Raten«

Mutter und Vater zu Besuch in der neuen Wohnung des mittlerweile erwachsenen Kindes. Noch bevor Vater den Mantel abgelegt hat, beginnt er, einem Mitarbeiter der Spurensicherung gleich, die Räumlichkeiten zu inspizieren. Sein Laserblick gleitet die Decken entlang. Im Bad entfährt ihm ein resignierter, sorgenvoller Seufzer. Rauchmelder? Feuchtigkeitsresistente Lampen im Bad? Fehlanzeige. »Das ist doch Selbstmord auf Raten« oder »Wollt ihr euch umbringen?«, und schon ist das geplante Nachmittagsprogramm (Dampferfahrt, Kuchenessen) gestrichen. Wie ein geprügelter Hund schleicht man hinter Vater die hell erleuchteten Gänge des hiesigen Baumarktes entlang, während er Rauchmelder, unglaublich hässliche, aber feuchtigkeitsresistente Lampenhüllen und gleich auch noch ein Set Schraubenschlüssel und Moltofill (»Kann man immer brauchen«) in den Einkaufswagen packt.

»Und ... (wie läuft's)?«

Mit dem Kind in der Ferne in Kontakt zu bleiben und möglichst detailliert Bescheid zu wissen über alles, was es so treibt, ist in der Regel Mamas Aufgabe. Mindestens einmal in der Woche ruft sie an, sagen wir gegen elf Uhr vormittags, und fragt jedes Mal beiläufig: »Und, was machst du gerade?« – und jedes Mal gibt man dieselbe Antwort: »Ich habe einen Beruf, Mama, ich bin im *Büro*!« Nachdem Mutter sich versichert hat, dass man schon die warme Jacke aus dem Keller geholt hat, morgens hat es schließlich sogar schon Bodenfrost, und in der Kantine immer was Warmes bestellt, und Omas Geburtstag übermorgen nicht vergessen wird, sagt sie: »Du, dann reich ich dich noch mal kurz an Papa weiter.« Der übernimmt widerwillig den Hörer, denn eigentlich hatte es ihm vollkommen ausgereicht, im Hintergrund dem Telefonat zu lauschen und sich hinterher auf den neusten Stand bringen zu lassen. Stattdessen muss er nun ein »Hallo« in den Hörer brummen und die Konversation aufrechterhalten. »Und …?«, sagt er, worauf das Kind brav ein bisschen zu erzählen beginnt, während Papa ab und zu ein »Hm-m« oder »Ah ja« einstreut und die Schilderung der letzten Konferenz bei einem Ohr rein- und beim anderen sofort wieder rauslässt. Wird Mama gleich nach dem Auflegen sowieso alles noch mal erzählen, mit ein paar glamourösen Details angereichert.

»Zu uns
kannst du doch immer kommen«

Klar, sollte man eigentlich wissen, schließlich tut man seit seiner Geburt ja nichts anderes, als die Eltern bezüglich jeder noch so nichtigen Angelegenheit zu konsultieren. Irgendwann beginnt das Kind, ein paar Dinge mit sich selbst auszumachen, meist sind das leider genau die, bei denen die Eltern vielleicht tatsächlich, zumindest wenn sie sich dabei gut anstellen würden, hilfreich sein könnten (Mobbing in der Schule, Ladendiebstahl …). Nachdem sie aber beispielsweise nach vollbrachtem Ladendiebstahl des Kindes aufgelöst, besorgt und um eine ruhige Aura bemüht den eingeschüchterten Spross beim Ladendetektiv abgeholt haben, heißt es: »Aber du hättest doch zu uns kommen können, ich hätte dir das Geld für die Wimperntusche doch gegeben.«

Eltern kapieren natürlich nicht, dass es nicht um die verdammte Wimperntusche ging, sondern komplizierte psychosoziale Dynamiken (Mutprobe, Gruppendruck, Dazugehörenwollen …) zur Handlung gezwungen haben.

Das erwachsene Kind wiederum hat irgendwann das Gefühl, die Möglichkeit des Immer-kommen-Könnens zur Genüge ausgeschöpft zu haben in den letzten mehr als dreißig Jahren.

Eigentlich also nachvollziehbar, dass man sich die

Demütigung ersparen wollte, mit fünfunddreißig bei den Eltern um finanzielle Unterstützung zu bitten. Man hat ja auch seinen Stolz – weshalb man lieber einen wahnwitzigen Halsabschneiderkredit seiner Bank annimmt, um das neue Auto finanzieren zu können, als die unglaublich günstigen Konditionen jener Hausbank in Anspruch zu nehmen, bei der man nicht mal einen Inflationsausgleich, geschweige denn Zinsen bezahlen muss und bei der in der Regel die Tatsache, dass man das Geld nur geliehen hat (»Kannst du uns ja irgendwann zurückgeben, wenn du finanziell stabil bist«), unter den Tisch fällt. So richtig finanziell stabil wird man, wenn überhaupt, voraussichtlich ohnehin erst sein, wenn die Eltern schon im Himmel sind.

Wenn man also dank Halsabschneiderkredit zu einem neuen Auto gekommen ist und der Notstand auf dem Konto bedrohliche Ausmaße annimmt, kommt irgendwann der Zeitpunkt, an dem Stolz und die eigene Erwachsenenwürde über Bord geworfen und die Hausbank um Rettung gebeten werden muss.

Auch wenn Eltern es natürlich niemals zugeben würden, vielleicht ist es ihnen auch wirklich gar nicht bewusst: Wenn das erwachsene Kind um Hilfe bittend angekrochen kommt, ist das für sie auch ein kleiner erleichternder Triumph: Das Kind braucht sie immer noch, die besondere Eltern-Kind-Bindung, sie ist immer noch da – um sie ab und an zu spüren, sind sie auch gerne bereit, einen höheren vierstelligen Betrag in die Sanierung eines schwer angeschlagenen Girokontos zu stecken.

Auch gern gesagt:
- »Dazu sind wir doch da.«
- »Wofür hat man denn Eltern?«
- »Das kriegen wir schon hin.«
- »Das schaffen wir schon.«

»Geh doch mal raus an die frische Luft«

Vielleicht ist das der Zeitpunkt, an dem man wirklich merkt, dass man erwachsen geworden ist: wenn man freiwillig und sehr gern an Orte fährt, die einem früher das kalte Grausen eingejagt hätten.

Heute fährt das erwachsene Kind nach Südtirol zum Wandern, an die Mecklenburgische Seenplatte und senkt den Altersdurchschnitt auf Schloss Linderhof oder im Fachwerklokal im Schlaubetal ganz erheblich.

Früher musste es fast an die »frische Luft« geprügelt werden. Als Kind konnte man den Frischluft-Fetisch der Eltern einfach nicht verstehen: In der Wohnung gab's doch genug frische Luft, die zudem auch noch warm war! Stattdessen wurde man von den Eltern in Gummistiefel und Matschhose gezwungen, um unter einem verhangenen Himmel, aus dem es Spaghettifäden regnete, äußerst übellaunig hinter den Eltern herzutapfen, denen es nun – an der frischen Luft – selbst nicht mehr ganz so leichtfiel, die Euphorie aufrechtzuerhalten. »Und zu Hause gibt's gleich einen schönen warmen Kakao« war da das Einzige, was sie als Entschädigung anzubieten hatten. Absurderweise macht die elterliche Haltung in Sachen Wetterzumutungen irgendwann eine Kehrtwendung. Spätestens beim volljährigen Kind heißt es dann gern: »Was, bei dem Wetter willst du noch raus?«

Auch gern gesagt:
- »Ein bisschen Bewegung wird dir guttun.«
- »Jetzt sei nicht so ein Stubenhocker!«
- »Du hockst schon den ganzen Tag in der Bude.«

»Du weißt doch, wie gefährlich das ist«

Soll eigentlich heißen: »Verdammt nochmal, *ich* als Erziehungsberechtigter weiß, wie gefährlich das ist, und hab dir bestimmt schon tausendmal gesagt, dass du *auf gar keinen Fall* auf die Balkonbrüstung klettern darfst!« Vater oder Mutter schwant da aber bereits, dass das Kind offensichtlich nicht weiß, wie gefährlich das ist – oder dass ihm das einfach piepegal ist. Der Satz ist also einerseits der hilflose Versuch, die eigenen Erziehungsbemühungen in Erinnerung zu rufen. Und ein ebenso hilfloses Plädoyer an die Vernunft.

Auch gern gesagt:
- »Pass schön auf!«
- »Aber *gaaaaanz* vorsichtig!«

»Wie war's in der Schule?«

Würden Eltern auf Abendveranstaltungen und Essenseinladungen ähnlich schlechten Smalltalk betreiben, gäbe es für sie solche Einladungen schon längst nicht mehr. Aber was soll man denn sonst fragen, wenn das schlechtgelaunte, mundfaule Kind am frühen Nachmittag ins Haus stiefelt und sich erst mal in sein Zimmer verdrückt oder, ohne einmal aufzublicken, das vorbereitete Mittagessen in sich hineinstopft? Eltern ist ja selbst nicht so klar, was sie sich von der Frage erwarten. Und dem Kind sowieso nicht. Wie war's also in der Schule? »Ganz okay. Die ersten beiden Stunden geschwänzt, in der großen Pause bisschen Crack geraucht, dann noch ein Quickie mit dem Geschichtslehrer auf der Mädchentoilette.« Finden die Eltern nicht lustig. Die ehrliche

Antwort (»Scheiße, wie immer«) bietet sich nicht an, weil man keinen Bock auf die sich anschließenden sorgenvollen Folgefragen hat (»Hast du Ärger mit den Lehrern? Schlechte Note gekriegt? Sag doch mal!«). Also sagt man jedes Mal: »Wie immer halt.« Oder: »Passt schon.« Oder: »O.K.« Um dann ein anklagendes »Nie erzählst du mir was« unkommentiert stehenzulassen. Oder aber das Kind kriegt einen kleinen Ausraster (»Booaahh, musst du jeden Tag die gleiche Scheißfrage stellen, denk dir mal was anderes aus«), um ein empörtes »Jetzt sei doch nicht so empfindlich« zu ernten.

Auch gern gesagt:
- »Habt ihr was rausgekriegt?«
- »Habt ihr die Matheschulaufgabe zurückbekommen?«
- »Und, was hast du auf?«

»Jetzt bist du schon wieder am Computer«

Kaum ein Thema in Sachen Kindeserziehung, das in den letzten Jahren derart aufgescheucht und panisch debattiert wurde wie »Jugend und Medienkonsum« – kein Wunder also, dass die meisten Eltern völlig kirre und dünnhäutig das Abdriften ihrer Kinder kommen sehen: in die Pornographie, in die

Hände von internetaffinen Kinderschändern, in den durch übermäßigen Ballerspielkonsum ausgelösten Amoklauf. Dazu kommt, dass sich die etwas älteren Eltern auf dem Gebiet völlig hilflos fühlen – und das völlig zu Recht. Sie sind froh, dass sie es irgendwie geschafft haben, SMS verschicken zu können, wenn auch ohne jegliche Satzzeichen, und protzen stolz mit der Errungenschaft, jetzt auch eine E-Mail-Adresse zu haben (etwa: günther1958@t-online.de). Alles, was darüber hinausgeht, ist für nicht wenige Eltern in einem Nebel des Nichtverstehens verborgen. Sie wissen nur: Aus dem Computer kommt das Böse. Der Computer hindert das Kind daran, Hausaufgaben zu machen; er hindert das Kind daran, die stickige Bude in Richtung frische Luft zu verlassen; er hindert das Kind daran, sich mit sportlicher Ertüchtigung fit zu halten (da kann man den Eltern noch so oft erklären, dass die Anschaffung einer »Wii« ratsam wäre, weil man damit jede erdenkliche Sportart aktiv betreiben könnte). Der Computer und »dieses Internet« sind ein Einfallstor des Bösen. Das Kind kann sich nicht einfach ganz harmlos in irgendeinem Forum Gleichgesinnter herumtreiben oder in Ruhe chatten, Eltern haben einfach ein ganz grundsätzliches negatives Bauchgefühl. Dass man am Computer theoretisch ja auch Recherchen für das nächste Referat machen könnte, fällt den Eltern nicht ein. Sie sind so negativ drauf, dass sie davon ausgehen, dass das Kind doch sowieso nur bei Wikipedia abkupfert. Das Kind kann also im weiten Feld des Medienkonsums einfach nur alles falsch machen. Ein repräsentativer Dialog sieht ungefähr so aus:

»Was machst du da schon wieder am Computer?« – »Nichts Besonderes. Bisschen chatten.« – »Du verheimlichst mir doch was.« – »Nein, wieso, was denn?« – »Doch doch, wenn du noch länger verbotenes Zeug an deinen Computer machst, kommt er weg, und damit basta.« – »Aber ich mach doch gar nichts Schlimmes!« – »Oh doch, und ob!«

Auch gern gesagt:
- »Mit wem schreibst du da eigentlich ständig?«

»Hast du geraucht?«

Genauso könnten Eltern fragen, ob das Kind gerade Gruppensex hatte oder in welcher Form es sich die Intimzone rasiert – erwarten sie allen Ernstes, eine brauchbare Antwort zu erhalten? In der Regel ist es wohl so, dass Eltern das als rhetorische Fragen meinen, wenn das Kind, ganz eindeutig nach Rauch stinkend und einen riesigen Klumpen aus drei Kaugummis kauend, unauffällig in seinem Zimmer verschwinden will und von Mutter oder Vater im Flur abgefangen wird. Die Variante zur rhetorischen

Frage ist die triumphierende Feststellung (»Du hast doch geraucht!«), als wurde soeben ein komplizierter Kriminalfall gelöst: Dass das Kind anschließend nuschelnd und dreist einfach alles abstreitet, macht die Eltern gar nicht so sehr ärgerlich, sie freuen sich einfach zu sehr über ihre nach wie vor exzellente Nase – ihnen macht das dreiste Kind nicht so leicht was vor! Ihnen nicht!

Auch gerne gesagt:
- »Du stinkst doch schon wieder nach Rauch!«

»JETZT GEHEN ALLE NOCH MAL AUF VORRAT AUFS KLO«

Eltern bilden den Planungsstab

»Jetzt gehen alle
noch mal auf Vorrat aufs Klo«

Am liebsten hätten Eltern auf Reisen statt Kindern Roboter dabei, die nach ferngesteuertem Computerprogramm maximal alle zwei Stunden beziehungsweise genau dann pinkeln müssen, wenn sich die Reisegruppe jener Raststätte nähert, in der es so guten Kaffee gibt. Und zwar alle synchron. Oder zumindest sollten die Kinderroboter nicht so fehlprogrammiert sein, dass sie die Frage »Noch mal Pipi?« stets automatisch verneinen, um dann, nachdem man fünf Minuten unterwegs ist, ununterdrückbaren Urindrang zu vermelden.

Eltern setzen ihre Kinder also ganz schön unter Druck. Und so werden in schöner Regelmäßigkeit die Kabinen der Raststättentoiletten von verzweifelten Kindern blockiert, aus denen trotz aller Bemühungen kein Tropfen Pipi entweichen will und die das Gefühl haben, sich erst wieder am Auto blicken lassen zu dürfen, wenn die Blase auch ganz sicher keinen Milliliter Urin mehr enthält.

Auch gern gesagt:
- »Geh noch mal drücken.«
- »Nur was zu essen bestellen, Trinken haben wir noch genug im Auto.«
- »Trink nicht so viel, sonst musst du gleich wieder Pipi.«
- »Du musst mehr trinken!«

»Dann wird dir wieder schlecht«

Ein Rätsel: Seit dem Beginn des Zeitalters der Motorisierung sind lange Autofahrten mit Kindern eine qualvolle Angelegenheit gewesen. Das ist eine Information, die von Generation zu Generation mittels Horrorgeschichten rund um Hitzestiche und 50-Kilometer-Monsterstaus weitergegeben wurde. Trotzdem können es Eltern bis heute einfach nicht lassen. Vielleicht, weil die Alternativen, zwangsjackenartige Flugzeugsitze und das gefürchtete Kinderabteil der Bahn, auch nicht erfreulicher sind? Jedenfalls machen sich jedes Jahr zum Ferienbeginn wieder Heerscharen von bis in den letzten Winkel vollgestopften Familienkombis und Vans auf den Weg, um gemeinsam das Projekt »Jahrhundertstau« anzugehen. Die wehrlosen Kinder haben sich zu fügen – was sie gerne tun, schließlich lockt das Paradies in Form des Campingplatzes irgendwo im Nebel der fernen Zukunft.

Ziemlich bald können die Eltern die Beschallung durch Rolf Zuckowskis »Bunte Liederreise« beziehungsweise »Benjamin Blümchen«-CDs nicht mehr ertragen und nötigen die Insassen zu allen möglichen Spielen, die sie vor dreißig Jahren selbst nach fünf Minuten öde fanden. »Ich sehe was, was du nicht siehst«, Kennzeichen raten und Autofarben zählen, das übliche fade Programm. Von Langeweile geplagt, nimmt das Kind dann doch irgendwann mal sein »Lustiges Taschenbuch« zur Hand, was der scharfe elterliche Blick durch den Rückspiegel natürlich sofort registriert. »Gleich wird dir wieder schlecht«, wird Einhalt geboten. Was bleibt dann noch übrig? Ins Leere starren und durch ein alle fünf Minuten erfolgendes »Sind wir bald daaa?« die Kommunikation im Wageninneren am Laufen halten.

Auch gerne gesagt:
- »Nicht, dass du wieder brechen musst.«

»Kann man immer gut gebrauchen«

Eltern müssen wahre Meister darin sein, Gegenständen neben der ihnen zugedachten Aufgabe weitere Jobs zu verschaffen. Oder aber sie haben ein seltsames Verständnis des Wortes »immer«. Denn: Für was, denken Eltern, könnte man einen Entsafter sonst noch benutzen, als Saft zu machen? Und wer macht immer Saft? Man selbst jedenfalls eher selten, oder besser: fast nie.

Der Satz fällt oft als Ermunterung, etwa wenn man den Eltern von unnützen Geschenken berichtet, die einem von anderer Seite zugemutet wurden. »Kann man immer gut gebrauchen«, heißen sie stellvertretend den Reiskocher im Haushalt des Kindes freundlich willkommen. Immer heißt im Fall des Reiskochers: immer dann, wenn man Reis kocht. Also durchschnittlich alle zwei Monate.

Eltern sagen den Satz auch immer, wenn es was umsonst gibt. Es kann sich dabei um den unnützesten Tand handeln – erst mal an sich raffen und später überlegen, was man damit tun könnte. Wenn sie also an der Tankstelle dank fleißig gesammelter Treuepunkte in den Besitz eines elektronischen Tischgrillgeräts, einer satellitengestützten Funk-Wetterstation oder eines »3 in 1«-Snackgeräts geraten und ihnen auffällt, dass sie selbst nicht so genau wissen, was damit nun anzustellen sei, dann gibt es herrlicherweise ja noch den Rettungsanker: »Kann man immer gut gebrauchen.«

Auch gern gesagt:
- »Wer weiß, wozu das noch mal gut ist.«

»Nimm unbedingt den Brustbeutel!«

Der Brustbeutel wird von Eltern mit einer derart enormen Bedeutung aufgeladen – unter dieser Last kann er eigentlich nur versagen. Der Brustbeutel als Heilsbringer bekommt immer dann seinen großen Auftritt, wenn Mütter sich an irgendwas klammern müssen, um vor Sorge nicht durchzudrehen: Vergeblich wurde versucht, das pubertierende Kind von seiner Interrail-Reise abzubringen und davon zu überzeugen, dass es ihm auf dem Campingplatz am Lido di Jesolo doch bisher immer prima gefallen hat. Aber nein, das Kind will sich partout ohne elterlichen Schutz den Unwägbarkeiten und Gefahren fremder Länder aussetzen. Neben der Sorge, das Kind könnte on tour von Hepatitis, Tetanus, der Pest oder ähnlich tückischen Seuchen dahingerafft werden (»Unbedingt vorher noch mal die Impfungen auffrischen!«), gilt die größte Sorge der Sicherheit der Bargeld- beziehungsweise Travelers-Cheques-Reserven. Hätte Emil in »Emil und die Detektive« einen Brustbeutel besessen und hätte seine Mutter das Geld nicht windig mit Stecknadeln in seiner Jackentasche befestigt, davon sind Eltern überzeugt, dann hätte er sich den ganzen Stress sparen können. Das gehorsame Kind stopft also Scheine und Schecks wie geheißen in den Brustbeutel und verstaut diesen, um den Hals hängend, unter sämtlichen Schichten seiner Kleidung. Und: »Am besten du steckst ihn auch noch in den Hosenbund.« Ein bisschen beruhigt lassen die Eltern das Kind ziehen. Nichtsahnend, dass das Kind spätestens nach dem ersten Bezahlvorgang die Schnauze voll hat. Nämlich dann, wenn es erst umständlich den Brustbeutel aus der Kleidung hervorschälen, wie ein Kleinkind mit Kindergartentasche um den Hals darin kramen und ihn dann noch umständlicher und möglichst diskret wieder verschwinden lassen muss. Ab sofort wird der Brustbeutel in der Brotzeittasche des Rucksacks mitgeführt.

Auch gern gesagt:
- »Und pass auf Taschendiebe auf!«

»Ich dachte, das interessiert dich vielleicht«

Alle paar Wochen erhält das erwachsene Kind Post von seinen Eltern. Der Briefumschlag enthält neben einem winzigen gelben Post-It mit den Zeilen »Interessant für dich? Grüße, Mama« eine Auswahl säuberlich ausgeschnittener Zeitungsartikel – aus der lokalen Tageszeitung, aber auch Publikationen, bei denen man sich fragt, wie Mama an die geraten ist (Lösung: »Hab ich heimlich im Wartezimmer beim Gynäkologen rausgerissen«). Inhaltlich geht es meistens darum, welche Bank im Moment die günstigsten Bausparkonditionen anbietet oder welche Telefontarife zurzeit am meisten lohnen. Gerne auch Informationen über Stipendien und Stellenangebote aus der »Zeit«, die absolut nichts mit dem eigenen Jobprofil zu tun haben (»Schau es dir doch wenigstens mal an, wäre mit Verbeamtung auf Lebenszeit …«)

Und gerne ganz unten noch ein großes Feature aus dem Lokalteil anlässlich des Ruhestands eines grauhaarigen Mannes, der einem vollkommen unbekannt vorkommt. (Lösung am Telefon: »Mensch, das ist doch Herr Röbel, bei dem hattest du Fünfte und Sechste Latein.«)

»Vergiss deinen Pass nicht«

Der Satz ist für Eltern eine Art Pars pro toto für. »Kind, hast du auch alles dabei, was du auf deiner weiten, weiten Reise brauchst, um nicht unter die Räder zu kommen, um heil wieder anzukommen? Reiseapotheke, Brustbeutel, genug Bargeld bzw. Travelers Cheques, Telefonnummer der deutschen Botschaft im Zielland, Pfefferspray, Kartenmaterial, genug Wäsche zum Wechseln, Astronautennahrung?« Nachdem sie aus leidvoller Erfahrung wissen, dass das unvernünftige Kind Sekunden nach Beginn der Aufzählung in den Durchlaufmodus geschaltet hat, beschränken sie sich aufs Wesentliche. Auch wenn die Reise nicht über die deutsche Grenze hinausgeht. Falls möglich, kontrollieren Mütter das Gepäck in der Nacht vor der Abreise heimlich auf Vollständigkeit.

Auch gern gesagt:
- »Sicher ist sicher.«
- »Schau lieber noch mal nach.«
- »Du hast doch bestimmt was (Wichtiges) vergessen!«
- »Hast du auch alles dabei / eingepackt?«
- »Und vergiss nicht wieder die Hälfte!«

»Am Stadtring bauen sie schon wieder«

Sprachliches Phänomen, das aus dem Mund der Eltern besonders wichtigtuerisch klingt: die Auflösung des konkreten Subjekts. Nicht etwa »die Stadtverwaltung« lässt am Stadtring die Fahrbahn erneuern;

nicht etwa die Polizei versucht am Kamener Kreuz Zu-schnell-Fahrer dingfest zu machen, nein, »am Kamener Kreuz blitzen sie«. Nicht etwa die Bundesregierung plant eine Erhöhung der Mehrwertsteuer, vielmehr: »Die Mehrwertsteuer wollense jetzt schon wieder erhöhen.« Dahinter steckt immer ein bisschen der Respekt, aber gleichzeitig auch die kritische Skepsis vor der höheren Macht.

Der Sinn des Hinweises auf Bauarbeiten am Stadtring jedenfalls liegt natürlich auf der Hand: das Kind vom elterlichen Weit- und Überblick über die Situation auf den Straßen der Stadt profitieren zu lassen. Die passende Alternativroute (»Ich kenn da einen super Schleichweg«) hat Papa natürlich auch parat.

»Aber gib nicht alles auf einmal aus«

Und schon wieder widerspricht sich der Erziehungsberechtigte selbst: Hat er nicht neulich noch einen Vortrag über die wichtige Funktion des Taschengeldes gehalten, die nämlich sei, das Kind in eigenverantwortlichem Verhalten zu schulen und sein Verständnis für den Wert von Geld zu verbessern?

Das Kind weiß natürlich ganz genau, was es tut. Wenn das gesamte Geld am Tag des Erhalts der Taschengeldration in saure Schnüre und Schaumgummitiere gesteckt wird, ist es vom sinnvollen Nutzen seiner Investition selbstredend felsenfest überzeugt. Mutter ahnt natürlich die Tränen voraus, die es später geben wird, wenn das Kind im Supermarkt irgendwas dringend haben will und der Satz »Dann kauf's dir halt von deinem Taschengeld« das Kind mit Schrecken feststellen lässt, dass die schnelle Eliminierung des Monatsbudgets vielleicht auch Nachteile generiert haben könnte. Mutter wiederum fürchtet eine Wutattacke, wenn dem Kind im Supermarkt der Kauf des gewünschten Produkts verweigert wird, kauft es, um präventiv für Ruhe zu sorgen, und ist hinterher wütend über ihr versagendes Erziehungskonzept. Überhaupt ist Mutter oft wütend, da sich das Kind ohnehin ins Fäustchen lacht, weil seine Kasse durch (in den Augen der Mutter) übertrieben großzügige Patentanten und Großeltern stets prächtig gedeiht und das bisschen Taschengeld sowieso nur Peanuts sind.

Auch gern gesagt:
- »Du musst irgendwann auch mal lernen, mit deinem Geld umzugehen!«

»Stell dich schon mal an, ich bin gleich da«

… sprach's und verschwand zwischen den wolkenkratzerhohen Regalen des Supermarkts. Das vierjährige Kind bleibt allein zurück, erfüllt von einer Mischung aus Stolz und Panik. Stolz, weil Mama ihm zutraut, den prall gefüllten Einkaufswagen allein zu überwachen und in die richtige Richtung zu manövrieren. Panik, weil sich die Schlange gnadenlos und unaufhaltsam voranschiebt und von Mutter keine Spur. Und jedes Mal kommt es so, wie es kommen musste: Mutter vergisst vor dem Cerealienregal die Zeit, weil sie so vertieft ist in das Studium der Fett- und Kohlenhydratanteile in den Nährwerttabellen. Das verschüchterte Kind ist derweil mit dem Wagen so weit vorgestoßen, dass es nun eigentlich angezeigt wäre, einen sogenannten Warentrennstab zu platzieren und die Waren aufs Förderband zu legen. Das Kind kann allerdings mit seinen Fingerspitzen gerade mal den Rand des Förderbands berühren und beginnt, die Nerven zu verlieren. Spätestens wenn ein gellendes »Mamaaaaaaaa!« durch die Gänge schrillt, weiß Mutter, dass es Zeit ist, Cerealien Cerealien sein zu lassen und zurückzueilen.

Ähnlich in die Bredouille bringen Eltern ihre Kinder, indem sie sie zwingen, beim Einkaufen »nur mal ganz kurz« auf das kleine Geschwister aufzupassen, während sie noch schnell eine Besorgung machen wollen. Zuverlässig wird es nämlich so ablaufen: Älteres Kind bleibt widerwillig mit kleinem Geschwister zurück, welches exakt in dem Moment in hysterisches Gebrüll ausbricht, in dem Mutter oder Vater außer Reichweite sind. Wenn die ein paar Minuten später zurückkehren, finden sie zwei Häufchen Elend vor: eines sich brüllend auf dem Boden wälzend, das andere still und verzweifelt vor sich hin weinend. Keine gute Idee gewesen.

»Macht doch mal Kroatien«

Eltern erwachsener Kinder haben es nicht leicht. Er begann schon in der Pubertät, dieser schleichende Prozess, und er setzt sich fort: dass die Eltern ihre Rolle als allwissende Entscheidungs- und Urteilsinstanz verlieren; dass die Kinder sich in manchen Sachgebieten des Lebens besser auskennen als sie; dass sie womöglich flexibler und wendiger auf die Veränderungen, die das moderne Leben bereithält, reagieren. Eltern müssen sich von ihren Kindern erklären lassen, wie man eine SMS mit Satzzeichen schreibt und wie man einen Anhang an eine E-Mail hängt. Deswegen freuen sich Eltern unbändig über die Momente, in denen sie ihren Kindern mal wieder einen goldenen Ratschlag geben können. Da haben sie neulich im Deutschlandfunk diesen hochinteressanten Bericht zum Thema »Reiseland Kroatien« gehört. Wenn dann das erwachsene Kind darüber räsoniert, ob nun Peru mit Bolivien kombiniert werden sollte oder nicht, schlägt die Stunde der Eltern: »Macht doch mal Kroatien«, streut Mutter wichtig ein. Und ist umso enttäuschter, statt »Dass wir da nicht selbst drauf gekommen sind!« so etwas Undankbares wie »Ach, da fährt doch mittlerweile jeder Depp hin« zu hören zu bekommen.

»Winterreifen schon drauf?«

Väterliche Fürsorge nimmt in der Regel den Umweg über Geräte – sehr gerne auch über den PKW des Kindes. Mit Erkundigen zu Bereifung, Ölwechsel und TÜV-Terminen zeigt Papa, dass er teilnimmt am Leben seines Kindes. Die Fürsorge in Sachen Auto kann allerdings blitzschnell umschlagen, beispielsweise wenn Vater als Beifahrer mit dem Kind unterwegs ist. Spätestens beim dritten Schaltvorgang entfährt ihm ein Stoßschnaufer. »Wenn du die Kupplung weiter so trittst, kannste dir bald 'ne neue einbauen lassen«, ätzt er, und bei jedem weiteren Tritt aufs Kupplungspedal fühlt man sich unter unangenehmer Beobachtung.

Fast schon unvermeidbar während der Autofahrt

ist auch das Thema Benzin. (»Warum habt ihr denn eigentlich damals keinen Diesel gekauft?« – »1,78 der Liter Super, die spinnen wirklich.«)

Beim Aussteigen umkreist er das Auto mit prüfendem Blick: »Der Kratzer da hinten, was ist denn da passiert?« Selbstverständlich wird man ihm nicht auf die Nase binden, dass man leider beim Ausparken im Parkhaus zwischen zwei Betonpfeilern steckengeblieben ist, sondern gibt sich ahnungslos. Er meint es ja nicht böse. Und man hat dank Papa eine Top-ADAC-Prämie abgestaubt und einzig wegen seiner jahrzehntelangen unfallfreien Mitgliedschaft bei der Kfz-Versicherung einen unschlagbaren Tarif geerbt. Da verzeiht man auch die ein oder andere unverschämte Frage zum eigenen Fahrverhalten.

»Pass auf, da fährste am besten nicht über den Brenner«

Väter zeigen ihre Fürsorge anders als Mütter. Die pure Emotion liegt ihnen in der Regel nicht, sie gehen den Umweg über etwas trockenere Themen wie Routenbeschreibungen und Schleichwegeempfehlungen. Erwähnt man beiläufig, dass nächste Woche die Fahrt nach Südtirol ansteht, tut Papa ganz wichtig und rattert auswendig die Route runter, der zu folgen man ohnehin fest eingeplant hatte.

Abends vor der Abreise klingelt dann das Telefon – völlig gegen jede Gewohnheit ist nicht die Mutter, sondern der Vater dran, der noch mal ganz genau nachgeschaut hat in seinem mammutformatigen Straßenatlas: »Vielleicht wär's doch vernünftiger zu versuchen, die österreichischen Autobahnen zu vermeiden und dann erst bei Innsbruck Süd auf den Brenner zu fahren, die acht Euro für die Vignette kann man sich auch sparen.« Das ist Papas etwas prosaische Art zu zeigen: »Ich interessiere mich für dich und dein Wohlergehen, Kind!«

»JETZT REISS DICH MAL ZUSAMMEN«

Eltern sind auch nicht immer nett

»Jetzt reiß dich mal zusammen«

Der Satz fällt immer dann, wenn das Kind aus seiner Sicht völlig berechtigten Anlass zur Klage hat – das Eis ist zu kalt, das gewünschte Sandförmchen gerade nicht verfügbar, der Sand in der Poritze juckt. Wer wenn nicht die eigenen Eltern haben in solchen Notfällen gefälligst ihrer verdammten Pflicht als Tröster nachzukommen? Stattdessen wird mit einem harschen »Reiß dich mal zusammen« die strapazierte Kinderpsyche weiter angekratzt. Die weinerliche Beschwerde in Zornesgebrüll zu steigern und den kleinen Kinderkörper an Ort und Stelle in den Staub zu werfen hat leider auch nicht den gewünschten Effekt.

Der Satz fällt auch immer gerne dann, wenn Eltern vor anderen Erwachsenen sicherstellen wollen, dass das eigene Kind nicht in den Verdacht des Weicheis gerät. Oder wenn sie sich einschleimen wollen bei anderen Eltern. Das tückische Kind von Papas Arbeitskollegen hat einem gerade ordentlich eins mit der Schaufel über den Schädel gegeben, und anstatt die Arme zu öffnen, in die man sich heulend stürzen könnte, wird man mit einem »Stell dich nicht so an« abgespeist. Bloß weil Papa zu feige ist, dem Kollegen zu verklickern, dass er seinen Satansbraten von Sohn gefälligst besser unter Kontrolle bringen sollte. Abends wird Papa dann Mama in Anwesenheit des Schaufelattackenopfers erzählen, dass man ihn nachmittags fast blamiert hätte, weil man schon wieder wegen einer winzigen Kleinigkeit hysterisch zu heulen angefangen habe. Sein Standing beim Kind verbessert er damit nicht gerade, kurzzeitig regen sich beim Kind Zweifel an Papas Charakterfestigkeit.

Auch gern gesagt:

- »Jetzt krieg dich mal wieder ein!«
- »Hör auf mit dem Theater!« / »Mach nicht so ein Theater!«
- »Ich muss dir das jetzt nicht erklären. Du weißt doch genau, was ich meine.«
- »Das tut doch gar nicht weh.«

»Du wirst deinem Vater immer ähnlicher«

Schon ein bisschen gemein, der Satz, denn in der Regel ist es ja genau das, was gerade pubertierende

Kinder nicht wollen: werden wie ihre Eltern. Der Satz könnte eigentlich rein theoretisch sogar als eine Art Kompliment gemeint sein, schließlich hat Mama diesen Mann ja mal geheiratet. Ist es aber leider nicht. Eine reine Boshaftigkeit lässt sich meist jedoch auch nicht erkennen – eher ein ahnungsvoller Blick in eine unheilvolle Zukunft? Dem Kind wird keine Schuld gegeben, vielmehr eine Beobachtung einer unabwendbaren Entwicklung zum Ausdruck gebracht.

Fast fühlt sich das Kind wie ein Zombie, die Aussage ist eine drohende Prophezeiung, sie bedeutet: »Halte inne, Kind, noch kannst du auf den rechten Weg zurückkehren.« Vielleicht ist es einfach eine Art Selbstgespräch.

Woher soll das unschuldige Kind ahnen können, wie viele unverdaute kleine Gereiztheiten und Aggressionen sich zwischen seinen Eltern aufgestaut haben? Dass Kleinigkeiten den anderen zur Weißglut bringen? Dass, wenn Papa abends in seinem ollen, müffelnden Hauspullover in den Fernsehsessel sinkt, ihn Mama am liebsten erwürgen würde? Wenn man also nach sechs Stunden Schule erst mal den Ranzen in den Flur wirft und seine Ruhe will, wird man seinem Vater immer ähnlicher. Man müsste über einen längeren Zeitraum dokumentieren, wann der Satz fällt, dann käme man wohl meist zu dem Ergebnis: Generell, wenn schlechte Laune im Spiel ist, Mundfaulheit, Drückebergertum oder Schusseligkeit. Ob das mit dem Heiraten wirklich eine so gute Idee ist, wird sich das Kind noch reiflich überlegen.

Auch gern gesagt:
- »Ganz der Herr Papa!«

»Und wenn der Linus aus dem Fenster springt, machst du das dann auch?«

Offenbar ist Eltern viel daran gelegen, dass ihr Kind möglichst schon im Kleinstkindalter einen eigenen, freien Willen entwickelt und sich nicht vom Tun anderer in Abhängigkeit begibt. Wenn das Kind nur noch lilafarbene Kleidung tragen möchte, weil die favorisierte Kindkollegin bevorzugt Lila trägt, oder plötzlich den von mehrspurigen Straßen zerschnittenen Weg zum Kindergarten alleine zurücklegen möchte, weil Kindergartenbuddy Linus, der zufällig im Haus neben dem Kindergarten wohnt, auch alleine kommt, dann greifen Eltern zu ebendiesem Satz: »Und wenn der Linus aus dem Fenster springt, dann machst du das auch, oder was?« Perfide! Eltern denken vielleicht, mit diesem Satz wären sie ganz besonders listig. Glauben, den Sprössling gescheit ausgebremst zu haben als blindes, meinungsschwaches Fähnchen im Wind, als Mitläufer enttarnt und damit zum Umdenken angeleitet zu haben. Die Wahrheit ist allerdings: Sie haben genau ins Schwarze getroffen. Würde der Linus aus dem Fenster springen, wofür er sicherlich gute Gründe hätte, dann könnte man zumindest nicht garantiert ausschließen, dass man es ihm in blindem Gehorsam nachtun würde. Natürlich nur, falls man nicht zu feige ist.

Auch gerne gesagt:
- »Du immer mit deinem Linus!«
- »Linus, Linus, Linus.«
- »Ist mir egal, ob der Linus das darf.«
- »Dann frag halt die Mutter vom Linus, ob sie dich adoptiert.«
- »Du bist aber nicht der Linus!«
- »Da werd ich die Mama vom Linus aber mal fragen.«
- »Dann zieh halt beim Linus ein, wenn's da so toll ist.«

»Wir sind doch nicht aus Zucker«

Sieben Grad, Fadenregen, stürmischer Ostwind, es ist eigentlich schon dunkel, und in der Glotze laufen die Simpsons. Wer, außer die eigenen Eltern, könnte jetzt auf den fanatischen Gedanken kommen, noch »ein bisschen an die frische Luft« zu gehen? Der berechtigte Einwand, bei dem Sauwetter könne man schwerlich einen Fuß vor die Tür setzen, soll mit dieser Aussage der Wind aus den Segeln genommen werden. Dem Kind fällt darauf nur eine eher sinnfreie Entgegnung ein: »Doch!« Um wenig später gebrochen den Zuckerkörper, notdürftig durch Gummistiefel und Regenmantel geschützt, nach draußen zu schleppen.

Auch gern gesagt:

- »Wirst schon nicht weggeweht.«

»Da hab ich aber auch noch ein Wörtchen mitzureden«

Warum bloß diese Verniedlichung? »Wörtchen«? Ein Hohn! In Wahrheit heißt das: »An mir kommst du nicht vorbei, ich entscheide, über dich und überhaupt über dein Leben!« So zumindest kommt es dem verzweifelten Kind vor – es ist einfach zum Heulen! Wobei Eltern mit dem Satz manchmal auch einfach nur die Verhältnisse beziehungsweise die Hierarchien klarstellen wollen. Das pubertierende Kind sieht das natürlich so: Sie wollen ihm einfach mal wieder unter die Nase reiben, dass es im Grunde vom elterlichen Wohlwollen abhängig ist. Um dann gönnerhaft hinterherzuschieben: »Eine Woche Zeltlager mit der katholischen Jugend? Nun, dagegen ist wohl nichts einzuwenden.«

Leider sind die zur Disposition stehenden Themen nicht immer so unheikel wie das Zeltlager der katholischen Jugend. Und deswegen entbrennen stets unschöne Eltern-Kind-Streits nach der elterlichen Ankündigung, ein »Wörtchen« mitreden zu wollen. Das Kind präsentiert im Verlauf der sich anschließenden Streitigkeiten die ganze Bandbreite seiner Emotionen: banges Hoffen, verzweifeltes Betteln, empörter Widerstand, lautes Heulen, wüste Beschimpfungen. Kaum eine Ankündigung, die so viel Zwietracht sät wie dieser eigentlich so harmlos anmutende Satz.

Auch gern gesagt:
- »Das ist hier kein Wunschkonzert!«
- »Dein Geschrei ändert gar nichts.«

»Ich sag's dir jetzt zum letzten Mal«

Die Chronologie der Ereignisse bis zur Ausrufung des Ultimatums: Kind bewirft Baby mit Sand; Eltern, erst mal total sanft und verständnisvoll: »Aber nein, Mathilda, nicht mit Sand werfen, guck mal, das macht doch Aua beim Baby, da wird das Baby traurig!«; Mathilda bewirft Baby weiter mit Sand; etwas strenger: »Aber Mathilda, du fändest es doch auch nicht gut, wenn dich jemand mit Sand bewerfen würde!«; Mathilda macht weiter; etwas gehobene Stimme, ärgerlich: »Schau, jetzt bewerf ich dich auch mal mit Sand, ist nicht toll, oder?«; Mathilda findet's irgendwie lustig und macht weiter; und nun, laut und zornig: »Du hörst jetzt auf, ich sag's zum letzten Mal!«

Nun bleibt dem maßregelnden Elternteil nur zu hoffen, dass der inflationär gebrauchte Satz bei Mathilda eine Wirkung erzielt – denn was, wenn nicht? Körperliche Züchtigung kommt heutzutage ja nicht mehr wirklich in Frage. Sofortiges Verlassen des Spielplatzes? Will man irgendwie auch nicht, die Szene, wie man ein mit Händen und Füßen sich wehrendes und wie ein abgestochenes Schwein brüllendes Kleinkind quer über den Platz zerrt, will man sich schließlich nur äußerst ungern antun. Was bleibt, wäre also einzig die verbale Steigerung. Wie wär's denn mal mit einem weiteren Klassiker: »Wenn du nicht sofort aufhörst, gehst du heute ohne Abendessen ins Bett!«

Auch gern gesagt:
- »Ich hab dir das schon hundert- / tausend- / hunderttausendmal gesagt!«
- »Wie oft soll ich das noch sagen?«
- »Muss man alles dreimal sagen?«

- »Ich will jetzt nichts mehr hören!«
- »Muss ich erst schimpfen?«
- »Habe ich mich klar und deutlich ausgedrückt?«
- »Haben wir uns verstanden?«
- »Geht das schon wieder los?«
- »Schluss jetzt!« / »Und damit basta!«

»Frag Papa, ich sag auf jeden Fall nein«

Mütter können verschiedene Motive haben, um diesen Satz zu benutzen: Sie sind müde und zermürbt vom ständigen Sachen-verbieten-Müssen und haben das Gefühl, der Ehemann könnte sich gefälligst auch mal um Erziehungsfragen kümmern, oder sie haben gerade einfach keinen Elan und wählen den einfachsten Weg, um das Kind und sein dringendes Anliegen an einen anderen Ansprechpartner weiterzuleiten.

Beides läuft auf das Gleiche hinaus: Egal, was Papa sagt, bei der Gattin ist er unten durch. Kommt das heulende Kind zu Mama in den Schoß geflogen und schluchzt: »Papa hat's auch verboten«, zischt sie ihm ein »Muss du immer so verdammt streng sein« zu. Marschiert das Kind mit tückisch-triumphalem Grinsen an der Mutter vorbei und trompetet: »Aber Papa hat ja gesagt«, wird sie ihm vorwerfen, ihre Erziehung zu torpedieren. Der Satz ist also nicht nur sinnlos, sondern vielleicht einfach gar keine so gute Idee.

Auch gern gesagt:
- »Kommt überhaupt nicht in Frage!«

»Dich kann man wirklich nirgends mit hinnehmen«

Schon wieder einer dieser wahnsinnig faden Nachmittage, an denen Mutter die Bedürfnisse des vom anstrengenden »Arbeitstag« in der Kita gestressten Kindes ignoriert und statt auf den Kinderbauernhof oder den Spielplatz zu einer Freundin in eine blankgeputzte Wohnung strebt, in der kein einziges Kind, geschweige denn ein Spielzeug verfügbar ist. Sie und ihre Freundin flößen sich ununterbrochen braune Plörre ein, welche in dünnem Strahl aus einer unangenehm laut ratternden Maschine läuft, und quatschen ohne Unterbrechung. Was bleibt einem also anderes übrig, als die Wohnung ein wenig zu erkunden und selbst für Beschäftigung zu sorgen? Hier ein paar Bücher aus dem Regal nehmen und ein bisschen zersausen, dort ein paar CDs herumschmeißen, die Klopapierrolle des Klopapiers entledigen, mit dem dicken roten Stift, der im Bad rumliegt ein paar Muster an die Wände malen. Prima, wie gut man sich allein beschäftigt. Auf einmal steht Mama dann allerdings drohend vor einem, entschuldigt sich ständig bei ihrer Freundin, die einen Zitronenmund bekommen hat, und ruft: »Dich kann man wirklich nirgends mit hinnehmen«. Das ist wirklich undankbar und unverschämt.

Auch gern gesagt:
- »Mach mir keinen Blödsinn dort!«
- »Mach mir keine Schande!«
- »Dass mir keine Beschwerden kommen!«

»Jetzt schlägt's aber dreizehn«

Manches schlummert offenbar ganz tief unten irgendwo vergraben und bahnt sich dann plötzlich seinen Weg nach draußen. Anders ist es nicht zu erklären, dass man seinem renitenten Vierjährigen, der gerade mit Hilfe von Grießbrei Jackson Pollock spielt, allen Ernstes »Jetzt schlägt's aber dreizehn« entgegenruft – und darüber sehr erschrocken ist. Viel tiefer sinken kann man jetzt eigentlich nicht mehr in Sachen Biederkeit.

Auch gern gesagt:
- »Das Maß ist jetzt voll!«
- »Überspann den Bogen nicht.«

»Ab ins Bett jetzt«

Der Satz wird gern kombiniert mit Hinweisen wie »Du musst doch morgen früh raus« oder »Morgen ist doch wieder Schule«. Und in ebenjener Schule werden sich am nächsten Tag sämtliche sich unglaublich super vorkommende Achtjährige mit fahlem Teint und Ringen unter den Augen über den Ausgang des WM-Halbfinales mit deutscher Beteiligung unterhalten. Nur vereinzelte unglückliche Kinder, deren Eltern keine Gnade kannten, laufen Gefahr, dem hysterischen Heulkrampf von gestern Abend an Ort und Stelle einen weiteren hinzuzufügen.

Auch gern gesagt:
- »Morgen früh ist die Nacht zu Ende.«
- »Jetzt ist Zapfenstreich.«
- »Das ist mir egal, wie lange die anderen aufbleiben dürfen.«
- »Wer feiern kann, der kann auch aufstehen.«
- »Würdest du einfach mal darauf verzichten, die Nacht durchzumachen, dann würde dir das Aufstehen auch nicht so schwerfallen.«

»Jetzt werd mal nicht frech«

Aus heiterem Himmel wird das Kind brüsk in die Schranken gewiesen – warum, wird ihm oft nicht so wirklich klar. Ein bisschen Spielzeug aus dem Buggy geworfen, ein paar Meter zu weit vorangelaufen, kleines Lied gesungen (»Mama ist do-hof«), und schon gibt's wieder eins auf den Deckel. Selber wiederum leisten sich Eltern am laufenden Band dreiste Unverschämtheiten (»Hier stinkt's ja wie im Pumakäfig«, Liste könnte beliebig fortgesetzt werden), ohne je von einer höheren Instanz zurechtgewiesen zu werden.

Auch gerne gesagt:
- »Jetzt werd mal nicht übermütig.«

»So eine Schnapsidee«

Da kann man anbieten, was man will: Zelten im Garten mit der ebenfalls fünfjährigen Freundin; eine Interrail-Tour mit einer Horde ebenfalls dreizehnjähriger Kumpels; einen Friseurtermin, um das Haar endlich auch bikolor zu tragen; dass man zusammen mit ein paar Freunden eine Band zu gründen gedenke, die den Namen »Moffy's Mad Crew« tragen solle; dass die Wände des Jugendzimmers demnächst in schwarze Farbe gehüllt werden sollten – allesamt Projekte, über die man sich wirklich ausdauernd Gedanken gemacht hat, die ein Ziel haben, einen Sinn! Je nach Temperament wird das Ansinnen bei der alles entscheidenden Instanz schüchtern als Frage oder besonders forsch als Information über einen neuen Sachverhalt vorgetragen. Aber egal, welche Variante das vor Tatendrang strotzende Kind bevorzugt, irgendein Haar in der Suppe, einen Haken gibt es immer. Fürs Zelten zu klein und das Wetter zu kalt, Interrail zu gefährlich, Schwarz zu dunkel (»Bist du jetzt Grufti oder was?«).

Ein »Nein« ist ja schon schlimm genug – aber Mutter belässt es nicht dabei, respektvoll die Existenzberechtigung des kindlichen Anliegens anerkennend ein Veto einzulegen. Nein, sie bügelt es ab und tut mit der Schmähung »Schnapsidee« genau die Projekte als totalen Quatsch ab, die dem Kind gerade essentiell für sein erfolgreiches Weiterleben erscheinen.

Wer Glück hat, bekommt statt eines endgültigen Aus seiner hochtrabenden Pläne immerhin einen Aufschub gewährt – siehe: »Frag Papa, ich sag auf jeden Fall nein!«

Auch gern gesagt:
- »Jetzt sei doch mal vernünftig!«
- »Das wird doch sowieso nichts!«

»Das kannst du deiner Großmutter erzählen«

Ob Eltern die Schmähung, die sie da ständig aussprechen, überhaupt bewusst ist? Stellen ihre eigene Mutter als jemanden da, dem man im Gegensatz zu ihnen selbst jeden Mist verkaufen kann? Wirklich sehr respektlos. Und dazu noch völlig sinnlos. Das schlagfertige Kind sagt darauf nur: »Aber die würde mir das doch nicht glauben!«

Auch gern gesagt:
- »Red nicht solchen Unsinn!«
- »So ein Quatsch / Unsinn / Blödsinn!«
- »Das glaubst du doch selber nicht.«

»Was quengelst du denn schon wieder?«

Wie unterschiedlich Wahrnehmungen doch sein können … als Vater oder Mutter unterdrückt man mühsam den Impuls, das Kind mit seinem beschissenen Schmusetuch zu knebeln oder an selbigem durch die Wohnung zu schleifen und in die nicht vorhandene Besenkammer zu sperren. Dabei war gerade noch alles tutti. Doch plötzlich verfärbte sich die kleine Visage purpurn und verzog sich klingonenhaft, eine riesige Zornesfalte hervorbringend. Grund: Dem Begehren nach der Sonnencremetube, deren Inhalt das Kind innerhalb von Sekunden auf Boden, Gesicht und Innenraum seines Mundes verteilt hätte, wurde nicht stattgegeben. Statt die Entscheidung zu akzeptieren, beginnt der Klingone wehzuklagen, mit kleinen oder größeren jämmerlichen Lauten, die ununterbrochen ausgestoßen werden. Oder aber das Kind klammert sich klagend an die Hosenbeine seines Erziehungsberechtigten und versteht die ungerechte Welt mal wieder nicht. Ein paar Minuten, bis den Eltern spätestens der Kragen platzt. »jetzt ist endlich Schluss« – und das Gequengel steigert sich zu einer Tobsuchts-Heulattacke, die sich gewaschen hat.

Auch gern gesagt:
- »Hör auf zu quengeln!«
- »Jetzt hör mal auf zu jammern, gibt überhaupt keinen Grund.«
- »Mir platzt gleich der Kragen.«
- »Mir reißt gleich der Geduldsfaden!«

»Wer hat dir denn diesen Blödsinn erzählt?«

Warum denn gleich so aggressiv? Eltern reagieren ziemlich empfindlich, wenn sie die Gefahr wittern, ihr Kind könnte mit gefährlichem oder auch nur dummem Gedankengut infiltriert worden sein.

Kinder prahlen ja in der Regel recht gern mit neuerworbenem Wissen, ihr Eifer, dieses in die Welt hinauszutrompeten, wird dann regelmäßig von ihren Spaßbremsen-Eltern zunichtegemacht. »Wenn man sich Seife auf den Arm tut und dann mit dem Löffel draufschlägt, dann bricht er!«, kräht das Kind euphorisch und rechnet mit »Ahh!«, »Ohhh« und »Was du nicht sagst«-Reaktionen. Stattdessen: Investigatives Nachfragen, aus welcher Quelle das daherplappernde Kind mit derartigem Quatsch gefüttert wurde.

Auch gern gesagt:
- »Ist das etwa auf deinem Mist gewachsen?«
- »Du brauchst nicht alles zu glauben, was andere dir erzählen.«
- »Du weißt aber schon, dass das nicht stimmt, oder? Die im Fernsehen denken sich das nur aus.«
- »Fällt dir nichts Besseres ein?«

»Du musst nicht überall dabei sein«

Alles überschattendes Thema der Eltern-Kind-Beziehung ist ab einem bestimmten Alter, spätestens mit Beginn der frühen Pubertät: dürfen oder nicht dürfen. Findet überhaupt noch Kommunikation statt – denn Kinder in der Pubertät leiden ja in der Regel unter einer ganz erstaunlichen Maulfaulheit –, dann geht es um die Erlaubnis, dies oder jenes tun zu dürfen. Schwer erträglich fürs Kind, dass die gesamte Lebensplanung mehrere Jahre lang vom guten Willen der Erziehungsberechtigten abhängt. Um diesen Willen für seine Zwecke zu formen, wendet das Kind verschiedene Taktiken an. Eine ist, besonders beiläufig zu tun. »Ach übrigens, morgen nach dem Schulkonzert würde ich mit den anderen dann noch was trinken gehen, könnte dann bisschen später werden«, nuschelt man im Vorbeigehen und will so schnell wie möglich in sein rettendes Zimmer huschen, so als ob man so einen eventuellen Widerspruch im Keim ersticken könnte.

Die klassische Variante ist natürlich: Betteln. »Bitte bitte, Mama, darf ich mit Rainbow Tours an den Balaton, Rieke und Julia dürfen auch.« Andere vermeintlich besonders freigebige Eltern als Argument anzuführen kann aber gründlich danebengehen. »Ist mir doch egal«, geben sich die Eltern trotzig, schließlich wollen sie sich hier nicht von anderen ihre Entscheidungen diktieren lassen. So weit kommt's noch! Wenn es ganz schlecht läuft, sagen die Eltern nein, um ein Exempel zu statuieren und ihre Fähigkeit zur eigenmächtigen Entscheidung zu demonstrieren, obwohl sie eigentlich ja gesagt hätten. Der elterlichen Willkür geschuldet kann es andererseits genauso passieren, dass sie das Urteil anderer Eltern als wichtige Entscheidungsgrundlage heranziehen.

Nicht selten spielen sich die Eltern als Richter auf, die sich zu gründlicher Konsultation erst mal zurückziehen müssen, bevor sie ihre Entscheidung feierlich bekanntgeben.

Auch gern gesagt:
- »Das müssen wir uns erst überlegen.«
- »Da muss ich mich erst informieren.«
- »Das müssen wir erst besprechen.«
- »Ist mir egal, was die anderen dürfen.«
- »Ob die anderen dürfen, interessiert mich nicht!«
- »Wenn es dunkel wird, bist du zu Hause!«

»Solange du noch unter meinem Dach wohnst«

Eigentlich kaum vorstellbar, dass es Eltern gibt, die diesen Satz, genau wie seinen ebenso unschönen Bruder »Solange du die Füße unter meinem Tisch ausstreckst«, tatsächlich ohne ein Fünkchen Ironie benutzen. Denn kaum ein Satz ist derart zum Klassiker der zweifelhaften autoritären Elternschaft mutiert. Grundsätzlich können sich allerdings alle Eltern auf die inhaltliche Berechtigung des Satzes einigen. Schließlich vergeht kein Tag, an dem die unverschämten Kinder nicht nur keine Dankbarkeit für die 24/7-Komfortbetreuung zeigen, die man ihnen angedeihen lässt, sondern gleichsam so tun, als wäre es eine Zumutung, in diesem Haushalt leben zu müssen. Der elterliche Frust muss sich also einfach mal Bahn brechen, und wie ginge das besser als mit diesen beiden antiquierten Sätzen? Denn im Grunde wird mit ihnen das seit Urzeiten aus Elternsicht natürliche Eltern-Kind-Verhältnis zum Ausdruck gebracht: »Du tust gefälligst, was ich sage.«

Auch gern gesagt:
- »Später kannst du machen, was du willst.«

»UND DICH HAB ICH ZWEI JAHRE LANG GESTILLT«

Eltern verzweifeln am unmöglichen Kind

»Und dich hab ich zwei Jahre lang gestillt«

Nun, ganz ehrlich? Das ist einem natürlich so was von egal ... und: Jetzt tut Mutter so, als habe sie damals ein Opfer gebracht, als sie auf dem Spielplatz unter allgemeinem ungläubigem Staunen die Brust rausholte, um ein in groben Stiefeln herannahendes Kleinkind daran saugen zu lassen. Die wollte das doch! Die schiefen bis angewiderten Blicke der anderen Mütter waren für sie doch Anerkennung: Schaut, meine Bindung zu meinem Kind ist nah und total körperlich! Einem jetzt einen Strick draus drehen zu wollen, ist wirklich nicht zielführend ...

Auch gern gesagt:
- »Und für dich hab ich meine besten Jahre geopfert!«

»Aber dafür hast du Zeit«

Nun, es handelt sich wohl um ein Missverständnis, das vom Kind nicht ganz unbeabsichtigt herbeigeführt wurde: Wie sollte es dem elterlichen Befehl zum Ausräumen der Spülmaschine anders entgehen als durch eine zarte Notlüge wie: »Keine Zeit, ich muss noch Mathe machen.« Blöd nur, wenn man kurze Zeit später von einem Erziehungsberechtigten dabei erwischt wird, wie man seine »Lustige Taschenbücher«-Bibliothek neu sortiert.

Auch gern gesagt:
- »Alles muss man selber machen.«
- »›Kann ich nicht‹ heißt ›will ich nicht‹.«

»Ich dachte, du freust dich«

Der Satz dient Eltern nicht etwa dazu, die Motivation ihres Handelns nachträglich zu erklären; schon klar, dass sie es mal wieder nur gut gemeint haben; der Satz hilft ihnen vielmehr dabei, den undankbaren Kindern ein schlechtes Gewissen zu machen. Dabei sind Eltern in der Regel selber schuld: Warum meinen sie immer noch, ihren Kindern selbst ausgesuchte Geschenke, insbesondere Kleidung, zu kaufen, wenn die Trefferquote verschwindend gering ist? Wahrscheinlich, weil ihnen Geldscheine im Briefumschlag so ungemütlich und förmlich vorkommen; und natürlich, weil sie nicht wissen, ob die Scheine (»Kauf dir eine schöne warme Winterjacke«) ihrem vorgesehenen Zweck zugeführt oder nicht vielleicht doch in Haschischvorräte oder Süßigkeiten investiert werden. Spätestens wenn das Kind dann bei minus 15 Grad immer noch in der Trainingsjacke herumläuft, herrscht darüber Klarheit. Immerhin können sich die Eltern trösten: Die von ihnen ausgesuchte schöne warme Winterjacke hätte das Kind ja sowieso nicht getragen.

Auch gern gesagt:
- »Und ich hab mir so eine Mühe gegeben.«

»Flipp nicht immer gleich so aus«

Wie soll man als Kind denn seine Emotionen ungestört rauslassen können, wenn ständig mit diesem Satz zu rechnen ist? Heißt es nicht immer, es sei wichtig, negative Gefühle nicht aufzustauen? An diese Regel halten sich Kinder meist recht erfolgreich. Insofern könnten sich die Eltern doch auch mal freuen über die Wutausbrüche, die sich gewaschen haben. Reinigendes Gewitter, noch nie gehört? Offenbar nicht, denn immer wieder läuft es so, schön zu demonstrieren am Setting Kindergeburtstag: Die Maschine Kind läuft schon seit den frühen Morgenstunden auf Hochtouren und erreicht auf der nachmittäglichen Party seinen Höhepunkt: Das Kind, mit roten, heißen Wangen, glasigem Blick und wirrem Haar, gleichzeitig ausgepowert und aufgeputscht durch die ungeteilte Aufmerksamkeit, steigert sich zunehmend rein in den Gedanken, seine neuen Besitztümer (Geburtstagsgeschenke) auf Biegen und Brechen verteidigen und fremde Benutzer davon fernhalten zu müssen. Irgendwann liegen die Nerven derart blank, dass sich das Geburtstagskind schreiend auf dem Boden wälzt. Es hat sich viel aufgestaut, jetzt aber immerhin wird es rausgelassen, mit ungeahnter Vehemenz. Darüber können Eltern doch eigentlich erleichtert sein – sind sie aber nicht, sondern fürchten ein unrühmliches Ende des perfekt vorbereiteten Festes durch diesen kleinen Eklat.

Auch gern gesagt:
- »Kannst du dich nicht mal beherrschen?«
- »Führ dich mal nicht so auf!«
- »Von dir hätte ich mehr Vernunft erwartet!«

»Das hast du nun davon«

Wohl einer der gemeinsten Sätze, die Eltern zu ihren Kindern sagen können. Als ob es nicht schon schlimm genug wäre, dass man die nagelneuen, wunderschönen Lackschuhe mit Schleifchen entgegen allen Anweisungen von Mama, die das nahende Unheil natürlich wie immer geahnt hat, zum Zelten angezogen hat; jetzt, wo man mit nassen Klumpen an den Füßen, die nicht mal mehr entfernt an Lackschuhe erinnern, nach Hause zurückkehrt, mit den Tränen kämpfend, weil man das Schönste, was man je besessen hat, kaputtgemacht hat, ätzt Mama: »Das hast du nun davon.« Nie wieder, denkt man in diesem jämmerlichen Moment, werde ich mich je einer Anweisung oder einem Ratschlag von Mama, der Weisen, widersetzen. Dieser weltfremde Gedanke ist natürlich ein paar Stunden später vergessen. Deshalb fliegt man auch, über die offenen Schnürsenkel stolpernd, gehörig auf die Nase, und Mama variiert: »Selber schuld, ich hab dir schon hundertmal gesagt, du sollst die Schuhe zubinden!«

Das Pendant, bevor sich das renitente und unbelehrbare Kind nicht an die elterlichen Ratschläge hält: »Mach nur, du wirst schon schen, was du davon hast!«

Auch gern gesagt:
- »Ich hab's dir ja gleich gesagt.«

- »Das wird dir eine Lehre sein.«
- »Das kommt davon.«
- »Du hast es ja nicht anders gewollt.«
- »Kannst du nicht mal aufpassen?«
- »Pass gefälligst mal auf!«
- »So geht das aber nicht!«

»Wenn das jeder machen würde«

Der Satz ist ein zaghafter Elternversuch, das Kind schon früh in die Moralphilosophie einzuführen. Das Stullenpapier landet auf dem Boden statt im Mülleimer, die Schuhe beim Kindergeburtstag werden einfach wild auf den Boden geschleudert. Zur Abwechslung wählen Eltern dann gerne mal statt »Lass das« oder »Spinnst du« die Variante »Wenn das jeder machen würde« – in der unberechtigten Hoffnung, dem renitenten Kind damit klarmachen zu können, dass eine Gemeinschaft nur durch rücksichtsvolles Verhalten seiner Mitglieder erfolgreich bestehen kann. Das Kind versteht das natürlich gründlich falsch. »Dann säh's hier noch viel unordentlicher aus«, folgert es fröhlich-logisch.

Auch gern gesagt:
- »Das könnte dir so passen!«
- »So weit kommt's noch!«

»Was sollen denn die Leute denken?«

Das kann eigentlich nur als rhetorische Frage gemeint sein. Denn wenn man das bockige Kind so direkt fragen würde, die Antwort läge auf der Hand: Sie sollen ruhig denken, was sie wollen oder was sich eben anbietet: vielleicht, dass das da drüben eine ganz schöne Assi-Familie sein muss, wenn die Eltern es nicht schaffen, dem Rotzlöffel von Kind klarzumachen, dass der Zuckerspender nicht dazu da ist, um sein Ende in den Mund zu stecken und reinzublasen? Und sehr gerne dürfen sie auch denken, dass es vielleicht besser wäre, das Jugendamt zu verständigen, um das Sodom und Gomorrha zu beenden, das sie seit einigen Minuten beobachten: Nämlich wie eine verzweifelte Mutter gewaltsam und Kraftausdrücke ausstoßend versucht, ein sich windendes Kind in den Kindersitz zu zwingen. Sollte Mutter sich vielleicht besser mal selber fragen, was die Leute da denken sollen! Vielleicht, dass man entführt wird, um die nächsten fünfzehn Jahre in einem dunklen Keller in Moldawien zu verbringen? Voilà! Gute Geschichte!

Auch gerne gesagt:
- »Mit dir muss man sich ja schämen.«

»Das darf man doch nicht sagen!«

Bisschen unangenehm: Die Eltern haben Freunde oder Verwandte eingeladen und »sitzen gemütlich beisammen«, wie das so schön heißt. Irgendwann geht das eigene, etwa dreijährige Kind zur Tür, öffnet diese, winkt in Richtung der Gäste und kräht »Tschüüüs«! Kann man ja immerhin noch lustig finden. Oder: Das Kind wendet sich fragend an die Gäste: »Wann geht ihr wieder?« Mutter und Vater sind tief beschämt und bringen das durch »Das darf man doch nicht sagen!« zum Ausdruck. Der Besuch lacht gekünstelt und nimmt es »von der heiteren Seite«, wie er versichert. Oder findet es wirklich lustig, wenn er eine Prise Humor hat. Dennoch wird Mutter oder Vater sich das Kind abends noch zur Brust nehmen und in sehr, sehr ernstem Tonfall erklären, dass anstatt »Wann geht ihr wieder« die richtige Antwort in Zukunft zu lauten hat: »Wie lang könnt ihr bleiben?«

»Von mir hast du das nicht«

Das Kind benutzt neuerdings unflätige Schimpfwörter? Fasst jedes Brötchen an, bevor er sich für eins entscheidet? Wirft seinen Müll auf den Boden statt in einen Abfallbehälter? Müssen wohl Kumpels, die

Kita oder andere Elemente im sozialen Umfeld ihren schändlichen Einfluss ausgeübt haben. Die Eltern haben damit selbstverständlich absolut nichts zu tun!

Aber dann schön die Rosinen rauspicken, wenn es sich anbietet: »Die schönen blauen Augen? Die hat er von seinem Papa!«

»Aber ich miste dann nicht aus«

Alle Eltern hegen die meist unbegründete Hoffnung, ausgerechnet ihr Kind könnte das einzige auf dem Planeten sein, welches nicht irgendwann die feste Überzeugung entwickelt, ohne ein Haustier nicht weiterleben zu können. Wochenlang ertragen sie die »Bittebittebitte«-Arien, die verzweifelten Beteuerungen des Kindes, stets für wiesenfrisches Futter, bergseeklares Wasser und blütenweiße Einstreu zu sorgen. Wägen ab, was nun wichtiger ist: die Erhaltung eines angenehmen Geruchs in den Wohnräumen oder die Möglichkeit für das Kind, Verantwortung für ein Lebewesen zu übernehmen. Und dann nimmt die immer gleiche Geschichte ihren Lauf: euphorischer Besuch im Zoogeschäft, circa zwei Wochen, in denen das erwählte Tier sich in Sachen Komfort tatsächlich nicht beschweren kann, dann: zunehmende Verwahrlosung.

Mutter oder Vater erbarmen sich ab und zu und

füllen die Trinkflasche wieder auf, um die arme Kreatur vor einem grausamen Verdurstungstod zu bewahren. Und noch ein paar Wochen später, wenn die Meersau mit ihrem vernachlässigten Haupt bereits gegen die Käfigdecke stößt, weil, statt auszumisten, seit Wochen immer nur neue Einstreu notdürftig auf die alte geschüttet wurde, sind es selbstverständlich die Eltern, die einen Zentner Meerschweinchenmist den Ort wechseln lassen. Natürlich nicht, ohne dem Kind gehörig die Leviten zu lesen und mit Abschaffung des Tiers zu drohen. So schleppen sich zwei, drei zähe Jahre dahin, welche das Meerschwein, immer wieder mit dem Kopf an der Käfigdecke, im Haushalt zubringt. Wenn es dann irgendwann, eines natürlichen Todes gestorben, starr und steif in einer Käfigecke aufgefunden wird, sind alle irgendwie erleichtert, dass endlich ein kleines Grab im Garten ausgehoben werden kann.

Auch gern gesagt:
- »Und wer geht dann jeden Tag Gassi?«

»Kann man dich nicht mal fünf Minuten allein lassen?«

Doch klar, kann man. Aber dann muss bitte auch Verständnis dafür da sein, dass man sich als Kind in der freien Zeit um eigene Projekte kümmert. Die Eltern wollen mal ganz in Ruhe einkaufen und laden das Kind deshalb in der Spielzeugabteilung ab (»Wir sind gleich wieder da.«). Peinlich berührt und auch etwas zornig stehen sie eine Viertelstunde später am Informationsschalter, um ihr Kind wieder einzusammeln, das gerade per Lautsprecher als elternlos ausgerufen wurde. Warum sind die Eltern so böse? Man hatte doch nur mal die Rolltreppen rauf- und runterlaufen wollen – zur Abwechslung mal gegen die Fahrtrichtung.

Auch gern gesagt:
- »Wird Zeit, dass die Schule wieder losgeht.«

»DENK DOCH MAL AN SPÄTER«

Eltern in den Wirrungen von
Vergangenheit, Gegenwart und Zukunft

»Denk doch mal an später«

Als Motivationscoach machen Eltern nicht unbedingt die allerbeste Figur. Es ist aber auch eine verdammt undankbare Aufgabe, einem renitenten Teenager irgendwie verständlich zu machen, dass er leider einen Schulabschluss braucht, um später so etwas wie einen Beruf ausüben zu können. »Später« ist das Problem in diesem Satz.

Dem pubertierenden 15-Jährigen ist schwer zu vermitteln, was »später« eigentlich heißen soll: Seine Dimension von Raum und Zeit beschränkt sich auf den Nachmittag, an dem Tobi und Jannis zum Playstation-Spielen vorbeikommen, aufs Wochenende, um auf dem Lidl-Parkplatz heimlich Joints zu rauchen, und allerhöchstens auf den Zeitraum, der bis zum Beginn der großen Ferien überbrückt werden muss. Elterliches und kindliches Vorstellungsvermögen haben einfach keine gemeinsame Basis.

Eltern sehen ihr Kind also, wenn sie selbst an später denken, bei der Arbeitsagentur anstehen oder bis Mitte dreißig im Hotel Mama ohne Partnerin leben. Vor allem aber sehen sie, wie der Rest des Kaffeekränzchens mit der BWLer-Karriere ihrer Brut aufwarten kann, während sie selbst kein Material zum Angeben haben. Horror!

Auch gern gesagt:
- »Du verbaust / versaust dir deine ganze Zukunft!«
- »Aber das kann dir doch nicht egal sein!«
- »Dafür wirst du mir später mal dankbar sein.«

»Euch geht's ja nicht schlecht«

Eltern erwachsener Kinder haben grundsätzlich das Gefühl, jene würden in Saus und Braus leben, ihr Geld verprassen, statt zu riestern und, ohne an die Zukunft zu denken, im Hier und Jetzt »auf großem Fuß« leben, wie sie das ausdrücken würden. Gleichzeitig neigen sie dazu, die eigene Jugend- und Ausbildungszeit zu einer entbehrungsreichen, kargen Zeit zu – ja, was eigentlich? Zu idealisieren? Verkümmern zu lassen? Hochzustilisieren? Stichwort: »Lehrjahre sind keine Herrenjahre.«

Natürlich: »Das waren andere Zeiten damals« –

zumindest in diesem Punkt herrscht Einigkeit. Aber soll man ernsthaft anstreben, in einem fensterlosen, ausschließlich mit einer wurmstichigen Pritsche dekorierten Raum sein Studentendasein zu fristen und höchstens alle paare Jahre eine Landesgrenze zum Ferienmachen zu überqueren, weil bei den Eltern damals die Fahrt im rostigen Citroën nach Österreich für einen Rausch sorgte?

Wenn man also von der anstehenden Reise durch Laos und Kambodscha berichtet, ist die Sache für die Eltern klar: luxusverwöhnte Brut. »Euch geht's ja nicht schlecht«, wird halb staunend, halb argwöhnisch durch die Zähne gepfiffen.

Und dann folgt unvermeidlich die Geschichte, wie die Eltern damals, als bettelarme Studenten zu Besuch in Paris in einer Bretterbude mit Blick auf Sacré-Cœur hausten und es ein herrliches Erlebnis war, an der Seine zu sitzen und Baguette mit warmem Camembert zu essen und einfachen Rotwein zu trinken. Während die Kinder ständig »ins Restaurant gehen« und »im Hotel« wohnen müssen. Und überhaupt: »Früher auf dem Campingplatz hast du dich schließlich auch nicht beschwert« beziehungsweise »Da hat's dir doch auch gefallen«.

Nebensache, dass die Eltern damals zu Zeiten des warmen Camemberts noch studierten und man selbst seit Jahren in einem festen Arbeitsverhältnis steht. Oder dass man sich das Geld für die Reise nach

Laos hart erarbeitet hat, indem man zwei Monate lang in den Semesterferien als Hartkäse verkleidet in einem Supermarkt zubrachte oder Angebote für eine Trockenbaufirma schrieb.

Spätere Jahre in der Biographie der Eltern sind, was Aktivitäten wie den Verzehr warmen Camemberts an französischen Flüssen betrifft, ohnehin entbehrungsreich, denn »nach dem Studium kamen ja dann gleich die Kinder«, und ab dem Zeitpunkt haben sie natürlich sowieso jahrzehntelang kein Restaurant mehr von innen gesehen, geschweige denn das Seineufer auch nur von weitem.

Eltern sind stets der Überzeugung, ihren Kindern würde sowieso alles in den Schoß fallen. Außerdem fragen sie sich, was die Kinder auf die irrwitzige Idee bringt, sich zum Zwecke des Urlaubs auf einen anderen Kontinent zu begeben: »Europa ist doch auch schön« oder »Europa hat doch auch einiges zu bieten«.

Der Satz kommt natürlich nicht von Eltern, die seit ihrer Verrentung maximal eine Woche am Stück zu Hause sind, ehe sie wieder mit signalfarbenen Einheitsrucksäcken und ebensolchen Baseballkappen mit der Studiosus-Clique die Moscheen von Isfahan und Tempelanlagen in Burma unsicher machen, um ihre Kinder anschließend mit Diavorträgen und Mottobuffet zu quälen. Hier eher passend: »Du könntest ruhig auch mal bisschen über den Tellerrand gucken.« Sondern es ist ein Satz eben für die, die den Campingplatz in Jesolo ausreichend fanden.

Reisen ist das eine Thema, der elterliche Argwohn zieht sich in Sachen Lebensstil aber auch durch den Alltag. Das Kind bildet sich ein, ein WG-Zimmer für 300 Euro zu beziehen? Wo die Eltern, jaja, in einem fensterlosen Kabuff in Göttingen hausten und trotzdem glücklich waren, damals, »als wir in deinem Alter waren«. Fairnesshalber muss man aber auch mal konstatieren, dass es noch unerträglicher wäre, wenn die Eltern, statt einem die eigenen Vorhaben als zu protzig madig zu machen, es andersrum machen würden: »Südamerika? Pension? Als ich in deinem Alter war, wohnten wir in Rio immer im ›Copacabana Palace‹.«

Auch gern gesagt:

- »So gut hatten wir es damals nicht.« / »So gut ging's uns damals nicht.«
- »So gut wie ihr würd' ich es mal gern haben.«
- »So was hätte ich mich mal trauen sollen.«
- »Euch geht's doch viel zu gut heute.«

»Ihr wisst ja heute gar nicht mehr, wie so was geht«

Die Eltern sind also in der neuen Wohnung in der neuen Stadt zu Besuch. Kommen einem etwas un-

beholfen vor, wie Vater mit seinem kleinen Wander-
rucksack und riesigem Stadtplan, Fotoapparat um
den Hals, auf Stadterkundung gehen will. Doch seine
Chance, ganz die frühere Souveränität zu zeigen und
die Hierarchie Eltern–Kind wiederherzustellen, sie
wird kommen. Spätestens, wenn er den tropfenden
Wasserhahn in der Küche registriert und auf Nachfragen eine Antwort wie »Ach, da war schon einer
von der Sanitärfirma da, der hat das auch nicht richtig hingekriegt« erhält, hat seine Stunde geschla-
gen. Ein triumphierendes »Lass mich mal«, und
schon klemmt Vater mit dem kompletten Oberkör-
per unter der Spüle, ab und zu dringt ein Ächzen
nach oben. Hin und wieder fordert er in Militärjar-
gon Werkzeuge an. Als er sich Minuten später keu-
chend wieder nach oben windet, fällt unvermeidlich
der Satz: »Ihr jungen Leute wisst ja heute gar nicht
mehr, wie so was geht.« Er hat das Haus damals ja
quasi selbst gebaut, und die Kinder wollen sich nicht
mehr die Hände schmutzig machen und haben keine
Ahnung davon, wie man etwa einen Fahrradplatten
flickt oder die Motorhaube des Wagens öffnet. Nebensache, dass sich die Tropffrequenz des Wasser-
hahns nach seiner Aktion verdoppelt hat.

Auch gern gesagt:
- »Warte, lass mich da mal ran!«

»Das hat mir auch nicht geschadet«

Ein Argument, welches das Kind in der Regel nicht
sonderlich beeindruckt. Woher wollen die Eltern
denn so genau wissen, dass es nicht geschadet hat?
Als ob jedwede psychischen Folgeschäden so leicht
zu identifizieren wären. Der Spruch ist tatsächlich
mit einer meterdicken Staubschicht überzogen –
und passt doch überhaupt nicht zu den aufregen-
den Geschichten aus der eigenen 68er-Sturm-und-
Drang-Periode! Wenn man also wenig Lust verspürt,
bei Fadenregen und einem Grad plus den Schul-
weg per Fahrrad anzutreten, kommt erst mal »Ich
wär' damals froh gewesen, wenn ich ein Fahrrad ge-
habt hätte« und anschließend die Schilderung des
zehn Kilometer langen Schulwegs, der bei Wind und
Wetter zu Fuß zurückgelegt wurde. Fehlt nur noch:
»Ich war froh, dass ich überhaupt zur Schule gehen
durfte!«

Auch gern gesagt:
- »So was hätte ich mir mal erlauben sollen.«
- »Als ich so alt war wie du, haben mir meine El-
  tern das auch nicht erlaubt.«
- »Du musst im Leben noch viel lernen.«
- »Du hast ja keine Ahnung (wovon du redest).«
- »Ihr seht das alles immer als selbstverständlich
  an.«

»Rufst du vom Handy an?«

Die Frage ist ein Anachronismus. »Handy? Uh-oh, machen wir's kurz, Kostenexplosion!«, dieser Zusammenhang sitzt im elterlichen Gehirn fest und lässt sich da nicht mehr so leicht vertreiben. Das gilt natürlich nicht für Eltern, die schon Monate vor ihren erwachsenen Kindern mit einem protzigen Smartphone stolz wie Bolle herumliefen, ständig von neuesten »Äps« berichten und über das Babyphone der Kinder nur die Nase rümpfen, weil sie den Enkel mit Hilfe ihrer iPhone-Babyphone-»Äp« betreuen.

Die sind aber in der Minderheit, deshalb ist der Satz bis heute ein Klassiker. Eltern haben immer noch die fünfziger Jahre des vergangenen Jahrhunderts eingehämmert, als dem Telefonieren per se ein Hauch der Dekadenz anhaftete.

»Rufst du vom Handy an?«, hat allerdings auch eine Kontrollfunktion. Eigentlich sehen die Eltern ja, wer gerade anruft, außer man hat mal wieder seine Nummer unterdrückt, weil man den Exfreund stalken wollte. Eltern fragen trotzdem, weil sie sich so weitere Details über den Standort des Kindes erhoffen, ohne noch plumper nachfragen zu müssen.

Und, ein Handy ist für viele Eltern erwachsener Kinder einfach weiterhin keine Selbstverständlichkeit, insgeheim sind sie stolz auf ihr mobiles, gefragtes Kind, das zwischen Tür und Angel, hochgradig unterwegs, die Zeit findet, sich bei Mama und Papa zu melden. Ihre Kinder kommen ihnen in dem Moment ganz schön wichtig vor, und das gefällt ihnen. Nicht auszuschließen, dass Mutter in der klassischen Kaffeerunde, bei der regelmäßig der Programmpunkt »Mit den Jobs der erwachsenen Kinder angeben« zur Tagesordnung gehört, so was einstreut wie: »Die Carola ruft ja nur noch vom Handy aus an.«

Auch gern gesagt:
- »Machen wir mal nicht so lang, wird sonst teuer!«

»Bist du verrückt? Weißt du eigentlich, was Kino mittlerweile kostet am Wochenende?«

Seltsam eigentlich: Man würde normalerweise ja davon ausgehen, dass eher die nachfolgende Generation, sprich in diesem Fall das Kind, sich besser auskennt bezüglich aktuell gültiger Nachtlebentarife. Wann waren die eigenen Eltern zuletzt im Kino? Man hätte schwören können, seit »Jenseits von Afrika« nicht mehr. Aber halt, es gibt natürlich hin und wieder ein paar »Must-Sees« für Leute um die sechzig, »Best Exotic Marigold Hotel« oder »Und wenn wir alle zusammenziehen?« und natürlich »Ziemlich beste Freunde«. Ein paar Anlässe also, bei denen die Eltern schockiert zur Kenntnis nehmen mussten, dass eine Kinokarte am Samstagabend in etwa so viel kostet wie ein Billet fürs Deutsche Theater auf den gar nicht mal so schlechten Plätzen. Ein Hohn! Nachdem die Empörung verklungen ist, folgt der nächste Aufreger: Nämlich, wenn den Eltern bewusst wird, dass für das eigene pubertierende oder schon erwachsene Kind ein samstäglicher Kinobesuch anscheinend zur Standard-Freizeitgestaltung gehört. Die Frage »Weißt du eigentlich, wie viel Kino am Samstagabend kostet?« ist also keine wirkliche Frage. Das Kind weiß es natürlich, schließlich kann es sich fast jeden Samstag von den aktuellen Tarifen live vor Ort überzeugen. Vielmehr handelt es sich um einen als Frage getarnten Vorwurf: Dekadenter Fratz, warum gehst du nicht am Dienstag ins Kino, da ist schließlich Kinotag! Unbedingt anschließen muss sich dann natürlich noch: »Kein Wunder, dass du nie Geld hast.«

Auch gern gesagt:
- »Na wenn du glaubst, du kannst dir das leisten …«

»So was muss man heutzutage anscheinend haben …«

Der Satz fällt gerne von Eltern zu Eltern. Schönes Setting: Kaffeerunde mit Eltern und Schwiegereltern.

Sohn oder Tochter fragt in die Runde, wer Kaffee wünsche, um dann selbigen aus dem Kaffee-Vollautomaten zu beziehen. Über das Mahlen der Kaffeebohnen hinweg brüllt einer aus der Eltern-Schwiegereltern-Combo: »Tja, so was muss man heutzutage haben!« – etwas spöttisch, ein kleines bisschen höhnisch, ein ganz kleines bisschen stolz auf das eigene Kind, das produktemäßig voll auf der Höhe der Zeit zu sein scheint und, auch nicht ganz unwichtig, sich das offenbar auch leisten kann.

Ganz geheuer sind den Eltern die Hervorbringsel der Moderne nicht, und diese Unsicherheit überspielen sie gekonnt mit der Bloßlegung vermeintlicher Schwachstellen des jeweiligen Produkts. »Von wegen Vollautomat«, kräht Mutter, wenn aus dem Vollautomaten Kaffee fließt, und nicht, wie der Name doch verspricht, ein fertiger Cappuccino. Unnützer Tand! Viel lieber würden die Eltern eine schöne Jumbotasse Filterkaffee auf ex hinunterschütten und anschließend erwartungsfroh ihre Tasse in Richtung Warmhaltekanne ausstrecken, schon gäbe es Nachschub. Das Kind hingegen muss extra in die Küche gehen und den Vollautomaten bedienen, total ungemütlich – »das sprengt doch die ganze Runde«.

»Hab ich im Internet gelesen«

Der Unsinn dieser Aussage ist vor allem Müttern nicht bewusst. Sie würden doch auch nicht »Hab ich am Telefon gehört« sagen, um die besondere Glaubwürdigkeit einer von ihr gelieferten Information zu unterstreichen. Eine erfolgreiche Google-Recherche wird von manchen Eltern unverhohlen stolz mit »Hab ich bei Gugls gefunden« verkündet.

Auf Facebook sind die Eltern plötzlich mit dem gesamten Freundeskreis ihres erwachsenen Kindes befreundet, weil die sich nicht getraut haben abzulehnen oder weil sie Quantität vor Qualität stellen und sich auch mit dem iranischen Präsidenten befreunden würden, sollte von ihm eine Anfrage eintrudeln. Auch die Eltern selbst akzeptieren jegliche Freundschaftsanfrage, sogar von Leuten, von denen sie keine Ahnung haben, wer sie sind, weil sie denken, das wäre »im Internet« Usus. Auch »liken« sie seltsame Unternehmungen wie »Kia Motors« oder »Versicherungsvergleich24.de«, weil sie nicht kapiert haben, dass diese Information auf ihrem Facebook-Profil erscheint, wenn sie auf irgendeiner weit entfernten Internetseite auf den kleinen blauen Daumen drücken. Noch wahrscheinlicher ist allerdings, dass sie bloß aus Versehen auf das Symbol geklickt haben.

Was elektronische Kommunikation betrifft, sind Eltern ganz vorne dabei. »Schick doch einfach eine

E-Mail«, rufen sie ständig, die dann nicht ankommt, weil ihr web.de-Account nur einige Kilobyte Speicherplatz bietet und sie nicht kapieren, dass sie regelmäßig Platz schaffen müssen. Mama und Papa teilen sich einen E-Mail-Account, der einen Phantasienamen trägt (zusammengesetzt aus beider Vornamen und einem Teil des Nachnamens), ät t-online.de oder aol.com.

Was Eltern nicht so richtig kapieren: Die allerersten Google-Ergebnisse sind nicht immer die besten. Also prahlen sie »Hab ich aus dem Internet«, wenn sie stolz das Abendessen auftragen. Das heißt: Sie haben »Käse-Schinken-Quiche« in die Suchmaske eingegeben und sich bei chefkoch.de das Rezept irgendeines dahergelaufenen Amateurs abgeschrieben.

»Das ist doch pure Verschwendung«

Würden die Kinder auch nur ein bisschen ihr Hirn in ihr tägliches Tun mit einbeziehen – Klimawandel und Ressourcenknappheit wären kein Thema mehr, davon sind vor allem Väter überzeugt. Entsetzt verfolgen sie, wie das Kind den Wasserhahn laufen lässt, während es verbrannte Essensreste aus einem Topf kratzt. Und genau kann Vater das zwar nicht kontrollieren, er ist sich aber sicher, dass das bequeme Kind *nicht* den Wasserhahn abdreht, bevor es sich die Haare einshampooniert. Überhaupt empfindet er es als Dekadenz, dass das Kind sich einbildet, länger als fünf Minuten unter der Dusche stehen zu müssen. Missmutig stellt er beim Besuch in der Wohnung des erwachsenen Kindes fest, dass sämtliche Unterhaltungselektronik lediglich auf Standby geschaltet ist, und auch an anderer Stelle hat er wertvolle Ratschläge parat (»Der Kühlschrank muss doch nicht auf fünf stehen, ich dreh den mal auf zwei runter.«). Zudem schaltet er das Licht in jedem Raum aus, den er verlässt, so dass man in vollkommener Dunkelheit zurückbleibt, wenn man Vater endlich zur Wohnungstür geleitet hat.

»Wenn du mal groß bist«

Der Satz klingt in kindlichen Ohren natürlich nach nichts anderem als nach einer gemeinen Verzögerungstaktik. Tatsächlich ist es aber so, dass es für Eltern in vielen Fällen schlichtweg keine andere sinnvolle Antwort gibt:. Wie soll man dem brüllenden Dreijährigen, der unbedingt aus einem der auf dem Tisch befindlichen Biergläser trinken will, klarmachen, dass es schlicht und einfach nicht geht? Außer »Das ist nur was für Erwachsene« gibt's da nicht viel zu sagen. Weil das »Kinderbier« in Form von Apfelsaft keine Abhilfe schafft, folgt unvermeidlich die

Vertröstung auf den ominös vernebelten Zeitpunkt »groß sein«. Klar, »Ich bin doch schon groß« ist die Standardantwort des Dreijährigen, aber irgendwann schwant ihm, dass nicht dieses Großsein gemeint ist, sondern eine Art des Großseins, die das Paradies sein muss, denn alles wird dann erlaubt sein, zügellose Anarchie wird herrschen. Gar nicht so einfach also für ein Kind, seine Gegenwart bewusst und nachhaltig zu erleben, wenn die Gedanken doch ständig auf die Zukunft gelenkt werden – der Satz »Das darfst du, wenn du mal groß bist« fällt täglich mindestens einmal. Besonders mitdenkende Kinder fangen irgendwann an, statt »Darf ich das haben« oder »Darf ich auch mal« zu fragen, gleich »Das darf ich dann, wenn ich groß bin« zu konstatieren.

Auch gern gesagt:
- »Das ist nur was für Erwachsene!«

»Mach doch lieber was Gescheites«

Ein in Stein gemeißeltes Gesetz besagt: Kinder und Eltern haben eine jeweils ganz eigene Definition des Wörtchens »gescheit«, und diese beiden Definitionen sind so weit voneinander entfernt wie Hertha BSC und die Champions League.

Schon vor der Pubertät fingen Eltern an, manche Sachen, die ihre Kinder so machten, gescheiter zu finden als andere (draußen »an der frischen Luft« zu spielen war im Zweifel immer gescheiter, als drinnen »Wickie und die starken Männer« zu glotzen). In der Pubertät eskalierte die ganze Angelegenheit. Als Teenager verzweifelte man: Klar konnte man es als nichts anderes als ausgemachte Sabotage begreifen, wenn die Eltern grundsätzlich die eigenen Pläne torpedierten. Man verstand nicht, was an »Klar lernst du Schlagzeug« oder »Prima Idee, dass du in den großen Ferien dein Geld als Barkeeper im ›Foxy's‹ verdienen willst« so schwer sein sollte. Stattdessen die Anregung, über ein Streichinstrument nachzudenken, oder das freundliche Angebot, in Papas Firma einige Wochen auszuhelfen.

Oft meinten es die Eltern tatsächlich gar nicht böse – sondern hielten das Kind in seiner jugendlichen Unerfahrenheit einfach noch nicht für fähig zu erkennen, dass das Erlernen des Bratschespielens eine weitaus erstrebenswertere Tätigkeit darstellte als das Herumhauen auf einem Ding, welches die Bezeichnung »Instrument« in ihren Augen nicht verdiente. In die Kategorie »gescheit« fielen im Groben all jene Dinge, welche gewissenhafte Eltern in einem gepflegten Bildungskanon verorteten.

Und klar musste das Kind davor bewahrt werden, sich selbst ins Unglück zu reiten. Die elterliche Lebensweisheit verfügte und verfügt leider nicht über Abstraktionsvermögen, hält sich wenig flexibel in recht engen Grenzen auf, das gilt auch für später. Womöglich schwingt hier und da auch ein »Du sollst es mal besser haben als wir« mit. Alarmiert von Berichten über junge Menschen, die den ganzen Tag im Café vor ihrem Laptop sitzen und so tun, als würden sie arbeiten, ist es Eltern noch viel mehr ein Anliegen, dass die erwachsenen Kinder »was Vernünftiges« machen, schließlich geht es dann ja mal nicht mehr nur darum, im Schulorchester mitspielen zu können, sondern »sich eine vernünftige Existenz« aufzubauen.

Und: Erwachsene Kinder müssen schon allein deshalb was Gescheites machen, damit Eltern beim traditionellen Spiel »Eltern geben mit ihren Kindern an« nicht ins Hintertreffen geraten. Ein handfestes »Der Stefan arbeitet bei BMW« (auch wenn sie keinen blassen Schimmer haben, was der Stefan tatsächlich bei BMW so treibt, theoretisch könnte er an der Pforte die Schranke bedienen) klingt einfach zu gut beim Studientreffen oder dem Plausch in der Nachbarschaft!

Das ist jetzt natürlich böse, denn am Ende treibt die Eltern die Sorge, das Kind könnte, wenn sie mal nicht mehr sind, auf der Strecke bleiben. Eltern werden nie verstehen, dass Kinder so wahnsinnig sein können, keine Beamtenkarriere anzustreben, sondern stattdessen brotlosen Hirngespinsten hinterherzujagen. Etwas »Gescheites« beinhaltet aus Elternsicht definitiv einen festen Arbeitsplatz, ein Büro, eine Festanstellung, idealerweise unbefristet, ein Jahresgehalt über 40 000 Euro, bestenfalls in einem »Traditionsunternehmen«. Feingeistige, kreative Tätigkeiten sind in der Regel weit weniger gescheit als technische. Also wird alles, was mit Musik, Theater, Schauspielerei, Kunst zu tun hat, in der Regel skeptisch beäugt. Nebensache, dass es für Mamas und Papas Schauspielhaus-Jahresabonnement oder ihre Besuche in der Nationalgalerie recht trostlos aussähe, wenn alle Kinder auf ihre Eltern gehört und »was Gescheites« gemacht hätten.

Auch gern gesagt:

- »Wir wollen doch nur dein Bestes!« / »Wir meinen es doch nur gut!«
- »Wir sagen das ja nicht, um dich zu ärgern.«
- »Wer nichts wird, wird Wirt.«
- »Ich sag jetzt nichts mehr dazu! Mach doch, was du willst. Wenn du später Frisörin werden willst, mir kann's ja egal sein.«
- »Willst du sitzenbleiben? Dann kannst du später gern an der Supermarktkasse arbeiten, wenn dir das gefällt.«
- »Dafür wirst du mir irgendwann noch mal dankbar sein!«

»Ich hab ja von Anfang an gewusst, dass BWL nichts für dich ist«

War ja klar. Eltern müssen bezüglich der Zukunft ihrer Kinder einfach immer den Spielverderber geben. Entweder, indem sie schon vor der Wahl eines bestimmten Berufsweges ihren unerwünschten Senf dazugeben und einem alles Mögliche miesmachen (»Das hat doch keine Zukunft«, »Das ist doch brotlose Kunst«, »Du verbaust dir doch deine Zukunft«, »Das sind doch Hirngespinste«). Oder aber sie geben sich erst mal entspannt und nehmen die Wahl zumindest scheinbar gelassen zur Kenntnis. Ihre Stunde schlägt dann ein paar Monate oder Jahre später, wenn das Kind das Handtuch wirft. »Ich fand ja von Anfang an, dass das nicht zu dir passt«, informieren sie das Kind, das soeben die Ausbildung oder das Studium geschmissen und deshalb schon genug Ärger hat. Eltern können sie einfach nicht ungenutzt verstreichen lassen, diese Gelegenheit, dem Kind mal wieder zu demonstrieren, dass sie keine Entscheidung treffen, von der die gottähnlichen Eltern zumindest ahnen, ob sie richtig oder falsch ist. Wenn schon die Zeit, in der sie das kopflose Kind durchfüttern müssen, durch diesen Abbruch weiter in die Länge gezogen wird, dann müssen sie sich zumindest selbst vergewissern, dass sie mit dieser Fehlentscheidung absolut nichts zu tun hatten!

»HIER SIEHT'S JA AUS, ALS HÄTTE 'NE BOMBE EINGESCHLAGEN«

Eltern lehren Sitte,
Anstand und Ordnung

»Hier sieht's ja aus,
als hätte 'ne Bombe eingeschlagen«

Sachte, sachte – immer diese Übertreibungen! Mag
sein, dass die Küche ein kleines bisschen unüber-
sichtlich wirkt, weil der Inhalt sämtlicher erreich-
barer Schubladen sowie die Duplo- und Bauklötz-
chensammlung auf dem Boden ausgesät wurden. In
politischer Korrektheit nicht ganz so gut geschulte
Eltern sagen übrigens: »Hier sieht's ja aus wie bei den
Hottentotten.«

Garantiert folgt nun eine der folgenden Anweisungen in Feldwebelmanier, kombiniert mit einem
Ultimatum: »In einer Viertelstunde komme ich wieder, dann sieht das hier tipptopp aus« oder »Was
bis heute Abend nicht aufgeräumt ist, wird weggeschmissen.«

Das aus Erfahrung abgestumpfte Kind weiß natürlich, dass Mama und Papa nicht so blöd sind, die
Carrera-Bahn beziehungsweise die Lego-Sammlung

im Wert eines hohen dreistelligen Betrags zu entsorgen. Falls Eltern denken, sie müssten dem renitenten Kind nun endlich mal die Konsequenzen seines Tuns beziehungsweise Nichttuns verdeutlichen, werden sie Carrera-Bahn oder Lego-Sammlung aus dem Verkehr ziehen. Ein paar Tage Geduld, und das Spielchen kann von vorn beginnen (»Aber ab jetzt lässt du nicht immer alles rumliegen, O. K.?«). Nein, nein, natürlich nicht!

Auch gern gesagt:

- »Hier kommt man ja kaum noch durch.«
- »Was ist das denn hier schon wieder für ein Saustall?«
- »Wie sieht's denn hier schon wieder aus?«
- »Hättest du dein Zimmer aufgeräumt, wie ich's dir gesagt habe, dann wüsstest du jetzt auch, wo du das findest.«
- »Zimmer aufräumen, und zwar picobello!«
- »Was sagen denn deine Freunde, wenn's bei dir so aussieht?«
- »Ich hab deine Sachen mal da hingelegt, damit das hier nicht so rumfliegt.«
- »Wenn du es gleich wegräumst, hast du später weniger zu tun.«

»Das ist hier kein Hotel«

Der ziemlich sinnentleerte Satz fällt immer dann, wenn Mutter klarmachen will, dass das faule, verwöhnte Kind sich gefälligst nicht so bedienen lassen sollte – schon klar: Das hier ist keinesfalls ein Hotel, sonst hätte man das Frühstücksbuffet, den Bettenservice und den Fernseher mit den vielen Programmen ja schon längst bemerkt. Und außerdem: Wäre das hier ein Hotel, dann würde man sich garantiert nicht trauen, so einen Saustall zu hinterlassen, weil einem das vor dem Zimmermädchen peinlich wäre.

Auch gern gesagt:
- »Ich bin doch nicht deine Putzfrau.«

»Bleib mal kurz stehen, ich mach das schnell weg«

Wer nicht schnell genug fliehen konnte, um Mamas Zangengriff zu entgehen, windet sich verzweifelt, während sie ein gebrauchtes Taschentuch aus der Manteltasche kramt, daraufspuckt und beginnt, im Gesicht des Kindes herumzureiben. Von Ekel gebeutelt stolpert das Kind davon, sobald es für sauber befunden und losgelassen wurde. Und fragt sich, warum in Mamas blöder Handtasche, die so viel unnützen Plunder enthält, nicht auch ein Päckchen Feuchttücher zu finden ist.

»Ich unterhalte mich doch gerade«

Genau das ist ja das Problem: Mutter oder Vater unterhalten sich gerade, und zwar mit der falschen Person. Das öde Gequatsche über das Geräusch, das Lego-Steine erzeugen, wenn sie eingesaugt werden, und über den Abwärtstrend bei der Qualität des Kita-Essens wird ja wohl noch Zeit haben, wenn man selbst dringend darauf hinzuweisen hat, dass man gerne seine Brotbox inspizieren würde oder ein elterliches Lob der mühsam gesammelten Stein- und Blättersammlung erzwingen möchte – und zwar subito!

Auch gern gesagt:
- »Lass mich doch mal ausreden.«
- »Du hast jetzt mal Sendepause.«
- »Schalt mal 'nen Gang runter.«
- »Du hältst jetzt mal den Mund.«
- »Erst denken, dann sprechen.«

»Hier riecht's ja wie im Pumakäfig«

Eine infame Übertreibung – jeder, der schon mal im Innenbereich des Raubtiergeheges eines Zoos dabei war, als sich die Tiere über gehäutete Pferdeköpfe hermachten, und dabei den Geruch von Urin, Gammelfleisch und Verwesung eingeatmet hat, der weiß das. Na ja, so ganz lässt sich natürlich nicht von der Hand weisen, dass die Geruchssituation im Zimmer des durchschnittlichen männlichen Teenagers ähnlich verheerend ist. Es kommt einfach einiges zusammen: meterlange Turnschuhe, in welchen täglich etwa achtzehn Stunden lang ein Paar Schweißfüße stecken; ein Kleiderberg von beachtlicher Höhe, der T-Shirts, Pullover und vor allem Socken enthält, die mindestens einen Tag zu lang getragen wurden; der seit Wochen nicht ausgeräumte Turnbeutel oder, Worst-Case-Szenario, der immer noch nicht geleerte Jumbo-Rucksack der letzten Interrail-Tour; die Bettwäsche, die seit vergangenem Jahr nicht gewechselt wurde (siehe: »Das ist hier kein Hotel«); und zu guter Letzt natürlich: die Angst des Teenagers vor frischer Luft. Also immer das gleiche Spiel: Mutter sorgt per Stoßlüftung zwangsweise für Milderung, das Kind schlägt bibbernd die Hände um die Schultern und täuscht Erfrieren vor. Um dann schön geduldig den gewohnten Mief wieder heranzuzüchten.

Auch gern gesagt:

- »Dass du in dem Mief noch nicht erstickt bist«.
- »Wie du's wohl aushältst in dem Mief«.
- »Dann erstick doch in deinem Mief!«

»So was kommt doch nicht einfach weg«

Dabei müsste gerade Mutter es besser wissen: Vielleicht sollte sie sich mal an die Zeiten erinnern, als sie fluchend und ächzend durch und unter das Bett pflügte, wo sie mit tausendprozentiger Sicherheit noch einen verdammten Schnuller vermutete, da in der Früh die Kollektion von drei auf zwei Exemplare geschrumpft und klar war, dass er nicht weit sein konnte! Eine ganze Ehekrise konnte sie mit ihrer schlechten Laune auslösen, falls der Schnuller verschollen bleiben sollte. (Wochen später tauchte er dann wie aus dem Nichts wieder auf, was einen erneuten Übellaunigkeitsanfall bedingte – weil das doch einfach nicht sein konnte!)

Das alles wird natürlich gnädig verdrängt, wenn es darum geht, das mittlerweile etwas ältere Kind zu gängeln, das schon wieder ein elementares Teil der Lego-Burg, den Zirkel oder ähnlich wichtige Gegenstände nicht findet. »Ich hab aber schon überall gesucht«, lautet die Standardaussage. In Wirklichkeit hat das Kind lustlos einmal den Teppich im Kinderzimmer abgescannt und die Schreibtischunterlagen an einem Zipfel hochgehoben. Der verschwundene Gegenstand bietet dem Erziehungsberechtigten dann gleich noch eine weitere Steilvorlage für einen Klassiker: »Kein Wunder, dass du in diesem Saustall nichts findest.«

Auch gerne gesagt:
- »Schau noch mal genau nach.«
- »Das Haus verliert nichts.«
- »Immer diese Schlamperei!«
- »Das kann doch nicht weg sein.«

»Trödel nicht so rum«

Klar, dass Eltern von Entschleunigung keinen blassen Schimmer haben. Und von den kleinen Schönheiten des Alltags auch nicht: Blind hetzen sie durch die Gegend und haben verlernt, sich an scheinbaren Nichtigkeiten zu erfreuen – da hat ihnen das Kind einiges voraus, das minutenlang fasziniert stehen bleiben und dabei zusehen kann, wie sich das Müllauto den Inhalt des Flaschencontainers einverleibt. Die einen nennen es trödeln – die anderen bewusste Wahrnehmung. Oder: mit allen Sinnen genießen. Aber das kapiert ja wieder mal keiner, der älter ist als neun.

Auch gerne gesagt:
- »Jetzt beeil dich mal!«
- »Komm endlich in die Gänge!«
- »Mach hinne!«
- »Wird's bald!«
- »Jetzt aber dalli!«

»Wie sagt man?«

Eltern erziehen ihre Kinder zu automatisierten Robotern – sie befinden sich aber auch in einem blöden Dilemma: Schon verständlich, dass Eltern es nicht so stehenlassen können und wollen, wenn das ausgehungerte Kind aus freundlicher Hand ein Stück Brezel empfängt, dieses blitzschnell einsackt und umgehend Kaugeräusche zu vernehmen sind. Die darauffolgende Ereigniskette gehört zum klassischen Standardrepertoire der elterlichen Erziehungsanstrengung: Wollen sie es kurz machen, rufen sie »Wie sagt man?«, und der Kindroboter nuschelt ein »Danke« zwischen seinem Brezenbrei hervor. Eltern sind zufrieden. Noch nicht gar so abgestumpfte Eltern sagen: »Das war jetzt so nett von der Tina, dass sie dir was abgegeben hat, da kannst du dich ruhig mal bedanken.« Reaktion des Kindes siehe oben. Die antiautoritären Eltern wiederum sind sich nicht zu blöd, jedes Mal den gleichen Vortrag zu halten:

»Also, du entscheidest selbst. Du sollst dich nicht bedanken, nur weil du das Gefühl hast, ich will das von dir.«

Auch gern gesagt:
- »Wie heißt das?«
- »Wie heißt das Zauberwort?«
- »Das heißt ›wie bitte‹ und nicht ›was‹.«

»Andere Leute wollen schlafen«

Ja, sollen sie doch! Immer dieses ewige Gerede von »Rücksichtnahme« – können vielleicht mal gefälligst die ganzen Schlappschwänze, die um 22.30 Uhr ins Bett gehen, Rücksicht auf die Bedürfnisse des pubertierenden Teenagers nehmen, welche beinhalten, bis in die frühen Morgenstunden in etwas mehr als »Zimmerlautstärke« Musik zu hören? Und was soll das Herumgestelze? »Andere Leute« sind doch schlicht und einfach Mama und Papa. Theoretisch ist der Satz eine Steilvorlage: »Ja, und andere Leute wollen *nicht* schlafen.« Traut man sich dann irgendwie doch nicht, sondern trottet missmutig zur Stereoanlage.

Auch gerne gesagt:
- »Hörst du schlecht?«

- »Bist du schwerhörig oder was?«
- »Das hört man auf der ganzen Straße / im ganzen Dorf.«
- »Bis jemand die Polizei ruft.«
- »Und gleich steht uns hier die Polizei auf der Matte.«

»Hier spielt die Musik«

Auch so ein Spruch, der sich wie ein Relikt aus einer verschollenen Epoche einen Weg in die Gegenwart bahnt – sobald er dem genervten Elternmund entsprungen ist, halten die erschrocken inne und fragen sich, wie sie so tief sinken und derart ins Onkeln verfallen konnten – während das Kind im Hochstuhl fröhlich weiter mit Grießbrei malt, den Hals in Richtung Zimmerdecke reckt und den dargebotenen Löffel ignoriert.

»Iiih, pfui, das ist doch bäh!«

Gepflegte Kommunikation ist mit einem noch nicht einjährigen Kind bekanntermaßen schwierig. Natürlich würde es besser klingen, so was zu sagen wie: »Leon! Der gebrauchte Tampon, den du da eben vom Boden aufgehoben und in Richtung deines Mundes geführt hast, entspricht ganz und gar nicht unseren Maßstäben von Hygiene. Bitte lass ihn augenblicklich wieder fallen!« Stattdessen hat sich im Laufe der Jahrtausende ein Warnruf herausgebildet, den Eltern in derartigen Situationen instinktiv herausschleudern. Dieser variiert, enthält aber mindestens eine der gängigen Ekel-Verlautbarungen »pfui«, »bäh« und »igitt« bzw. »igittigitt«, gern auch mal alle drei zusammen. Das traurige Kind kapituliert vor so viel Nachdruck und lässt all die kleinen Schätze, den gebrauchten Kaugummi, das mit Haaren verfusselte Zopfband oder das Hundekackewürstchen traurig hinter sich.

Auch gern gesagt:
- »Nein, wir heben keine fremden Sachen vom Boden auf.«
- »Wer weiß, wer das schon alles angefasst hat.«

»Wart nur mal ab, bis du deine erste eigene Wohnung hast ...«

»... da gibt es keinen mehr, der dir ständig hinterherräumt«, so geht der Satz klassischerweise weiter. Nähme man als Kind die elterlichen Drohungen ernst, müsste man damit rechnen, sich in einer Art neuzeitlichem Mordor zurechtfinden zu müssen.

Eine Welt, in der sich Wäsche nicht mehr von alleine wäscht, Essen selbst zubereitet oder beschafft werden muss, schlammige Stiefelabdrücke auf der Treppe nicht kurze Zeit später wie durch ein Wunder verschwunden sind … Nachdem Eltern aber pro Tag durchschnittlich zwei- bis dreimal die »Mordor«-Keule schwingen, nutzt sich das Drohpotential schnell ab, und das Kind sieht seiner düsteren, weil hausarbeitsreichen Zukunft gelassen entgegen.

Auch gern gesagt:
- »Da putzt dir dann keiner mehr hinterher.«
- »Da wirst du dich umschauen, mein Lieber!«

»Mund zu beim Kauen«

Aus der Sicht des Kindes ergibt es wenig Sinn, den Mund beim Kauen zu schließen – es lohnt sich schlichtweg nicht, nachdem er wenige Sekunden später ohnehin wieder geöffnet werden muss, um Nachschub in die Mundhöhle einzufüllen. Gerade Mütter sind allerdings unermüdlich dabei, Tischmanieren mit Hilfe eines verbalen Meißels ins Kindergehirn zu hämmern: »Ellbogen vom Tisch«, »Nicht schmatzen«, »Nicht schlürfen«, »Sitz gerade«, »Kippel nicht«, »Löffel zum Mund, nicht umgekehrt« – eigentlich ein Wunder, dass Mütter nicht kollektiv abgemagert sind, nachdem sie eigentlich gar keine Zeit haben dürften, Mahlzeiten einzunehmen, da die Überwachung der Nahrungsaufnahme der Kinder ihre volle Konzentration fordert. Und genau so ist es ein Wunder, dass die Kinder überhaupt zum Essen kommen. Würden sie sämtlichen Ermahnungen und Verbesserungsvorschlägen bezüglich ihres Essverhaltens Folge leisten, gliche ihr Aufenthalt bei Tisch einem akrobatischen Akt – zum Essen hätten sie allerdings keine Zeit mehr. Irgendwie scheint es aber doch zu funktionieren mit dem Einmeißeln, zumindest positive Spätfolgen sind erkennbar, denn sämtliche Teenager pflegen beispielsweise noch ihre Frühstückscerealien in identischer Manier einzunehmen: randvoller Suppenteller, Mund nahe dem Tellerrand, querliegender Löffel, der riesige Fuhren in den Mund schaufelt. Auf Mutters Ermahnungen: keine wahrnehmbare Reaktion. Und doch beobachtet man in der Regel nur wenige Erwachsene, die ein ähnliches Nahrungsaufnahmeverhalten an den Tag legen würden.

Auch gern gesagt:
- »Wisch dir den Mund ab.«
- »Wasch dir die Hände.«
- »Halt das Messer mal vernünftig.«
- »Beim Essen wird nicht gelesen.«

»Das ist kein Spielzeug«

Da hat wohl jemand seinen »Baby- und Kleinkind-führer« nicht gelesen – sonst wüssten Mama und Papa doch, dass für kleine Kinder *alles* Spielzeug ist. In jedem Ratgeber können sie nachlesen, dass es für die Kleinen nichts Schöneres gäbe, als die Küchen-schubladen auszuräumen und mit Schneebesen und Kochlöffel kräftig Radau zu machen. Aus Elternsicht jedoch absolut verständlich, dass sie gewisse Gegenstände der kindlichen Zweckentfremdung entziehen wollen. Erweitert das Kind seinen Spieltrieb etwa auf den neuen Tablet-Computer, die Bauhaus-Lampe oder das Füllerset, ist außer »Nein!« auch der Hinweis beliebt, es handle sich hierbei nicht um ein Spielzeug – selbstverständlich kann das Kind mit diesem Hinweis beim besten Willen nichts anfangen. Korrekt müsste der Satz lauten: »Ich will nicht, dass du damit spielst!« Wobei es eh einerlei ist – ignoriert wird die Äußerung ja sowieso.

Auch gern gesagt:
- »Musst du immer alles kaputtmachen.«
- »Das zieh ich dir vom Taschengeld ab.«
- »Das hat viel Geld gekostet.«

»DANN KOMMST DU EBEN NICHT MIT UND BLEIBST ALLEIN ZU HAUSE«

Eltern manipulieren

»Dann kommst du eben nicht mit und bleibst allein zu Hause«

Der Familienkombi ist gepackt, ausreichend Getränke und Stullenmaterial an Bord, die Eltern haben ihren Sonntagsstaat angelegt, die Kinder in Kleidung gezwungen, die sie hassen. Alles, wie es sein soll also. Nur einer aus der Brut gibt sich renitent, sitzt bockig in seinem Zimmer, weigert sich, die bereitgelegte Festkleidung anzuziehen, und brüllt in unregelmäßigen Abständen: »Ich fahr aber nicht mit!«

Jeder, der eine Familie hat, müsste dafür eigentlich größtes Verständnis haben. Wahrscheinlich erinnert sich jeder noch mit Schaudern an triste Samstage und Sonntage, die man erst stundenlang auf der Autobahn und dann auf Feiern wie Omas Siebzigstem oder der Taufe von Cousine XY verbrachte. Das immer gleiche Gefasel der Verwandtschaft, der Zwang, sich mit vorhandenen Cousinen und Cousins im annähernd gleichen Alter abzugeben, Nachmittage, die sich zäh wie Kaugummi vom Mittagessen über Kuchenessen über kalte Platten am Abend zogen. Natürlich war die Aussicht, den ganzen Tag endlich unbehelligt zu Hause zu sitzen, stundenlang zu glotzen oder Playstation zu spielen, brillant. Trotzdem passiert jedes Mal Folgendes: Mutter steigert ihre Drohung bis »Dann fahren wir jetzt wirklich ohne dich«, der Rest der Familie wird ins Auto gehievt, und Vater, um vorzutäuschen, dass er jetzt wirklich Ernst macht, dreht den Zündschlüssel und startet den Motor und lässt das Auto *gaaanz* langsam aus der Einfahrt rollen. Spätestens dann stürzt ein panisches, in Tränen aufgelöstes Kind hinterher und rüttelt verzweifelt an der Autotür, um hyperventilierend-schluchzend ins Auto zu kriechen. Mama gibt sich dann gleich versöhnlich, das Kind weint noch ein bisschen vor sich hin. Im Rückblick wirklich schwach, dass man es nie richtig durchgezogen hat und fröhlich winkend an der Haustür stand, während Vater sein billiges Wegfahrmanöver startete.

»Das kaufen wir dann beim nächsten Mal«

Kleinkinder durch einen Tag zu manövrieren, der um Viertel vor sechs begonnen werden musste (»Mamastehnwiraaa-uf?«), ist zermürbend. Wichtige elterliche Tugenden wie Elan, Kreativität und

Durchsetzungskraft sind spätestes gegen Mittag flötengegangen. Wer also nachmittags mitsamt dem durch einen zuckerhaltigen After-Kita-Snack aufgeputschten Kind einen Supermarkt betritt, ist ein leichtes Opfer. Gegen »Kannichdashaben«, »Willaber«, »Habenwill« ist jeglicher Widerstand erschlafft.

Für ein schnödes »Nein« fühlt man sich nicht mehr stark genug, denn es führt umgehend zur gewohnten, deshalb aber nicht minder gefürchteten Reaktionskette: vor Zorn zur Rosine geschrumpeltes Kindergesicht – einige Sekunden Stille, weil ein offener Mund Luft holt – unangenehm lautes Zornesgebrüll. Spätestens beim zweiten Kind ist einem das natürlich wurscht, beziehungsweise man schiebt selbst dem Dreieinhalbjährigen einfach den Schnuller in den Mund und vertagt die Zahnfee auf irgendwann, ein offener Biss scheint das weit geringere Übel als pikiert oder mitleidig guckende Miteinkäufer.

Oder aber: Eltern hoffen auf das vergessliche Kinderhirn, und das funktioniert tatsächlich zuverlässig unzuverlässig. Man spielt also auf Zeit und sagt listig: »Das kriegst du dann beim nächsten Mal.« Nun kommt es sehr stark auf den Charakter des Kindes an. Manche werfen sich trotzdem routinemäßig vor der Quengelware in den Staub des Supermarktbodens, wälzen sich dort dramatisch herum und stoßen zwischen geheulten Zornesgeräuschen ein renitentes »Willaberduplo« hervor. Aber: Bei den naiveren, harmloseren, stromlinienförmigeren Charakteren unter den Kleinkindern kommen die Eltern mit der ollen Masche tatsächlich durch. Es gibt wirklich Kinder, die einen Tag später bereits vergessen haben, dass sie je ein »Hubba Bubba Bubble Tape« begehrt haben. Und es gibt allen Ernstes Kinder, die statt »Habenwill« mit großer Besonnenheit sagen: »Papa, Mama, das kaufen wir dann beim nächsten Mal.«

Muss man sich womöglich Sorgen machen? Ein Kind, das heute freundlich mitteilt: »Die Hubba Bubbas können wir dann nächstes Mal kaufen«, wird womöglich irgendwann wöchentlich von einer Horde fetter Neuntklässler verdroschen oder freundlich lächeln, wenn ihm auf dem Pausenhof die neuen Turnschuhe abgezogen werden.

Auch gern gesagt:
- »Leg das wieder hin!«
- »Du hast beim letzten Mal schon was gekriegt.«
- »Aber das wird nicht gekauft!«
- »Leg das mal schön wieder hin, wo du es hergeholt hast.«
- »Nur gucken, heute wird nichts gekauft.«
- »Ich hab nein gesagt.«

»Tschüüüüs – Mama geht jetzt!«

Fußgänger im ganzen Land werden fast täglich Zeuge des immer gleichen sinnlosen Machtkampfes: ein scheinbar allein vor sich hin tobendes oder trödelndes Kleinkind und in einiger Entfernung ein entnervter Erziehungsberechtigter, der nach ergebnislosen »Komm jetzt«-Befehlen übertrieben gutgelaunt und ein bisschen hinterhältig »Tschüüüs – Papa geht jetzt« flötet, sich umdreht und seinen Abgang vortäuscht. Der Versuch geht eigentlich immer in die Hose. Kein Fußgänger wird je ein Kind erlebt haben, das sich daraufhin gehörig sputete und an die angebotene elterliche Hand hängte. Entweder der Tobsuchtsanfall wird eine Stufe höher geschaltet, oder das verzweifelt weinende Kind muss von den zurückeilenden Eltern vom Boden aufgeklaubt werden. Egal – morgen wieder das gleiche Spiel. Der Abstumpfungseffekt hat natürlich schon längst eingesetzt.

»Du bist doch kein Baby mehr«

Das ist ja das Schlimme! Wie hundsgemein können Eltern eigentlich sein? Der Satz fällt in der Regel, wenn die arme geschundene Kleinkindseele eigentlich etwas Balsam vertragen könnte. Es ist einfach nicht fair: Das neue Baby in der Familie in Form eines kleinen Bruders oder einer kleinen Schwester kann machen, was es will, stundenlang am Spieß brüllen, an der Windel flüssig vorbeikacken, einfach nur doof rumliegen – egal was es tut, stets wird es mit Bewunderung, Entzücken oder großer Besorgnis zur Kenntnis genommen. Und wenn man dann einfach nur darum bittet, ein Fläschchen mit Milch gefüllt zu bekommen, oder zur Abwechslung auch mal gefüttert werden möchte, dann wird einem das mit ebenjenem Satz verwehrt. Als ob einem entfallen wäre, dass man ja schon dreieinhalb ist, und nur mal eben dran erinnert werden müsste, um besonnen mit abgespreiztem kleinem Finger aus der Tasse zu trinken. Ja, verdammt nochmal, mit dreieinhalb ist man kein Baby mehr, leider, sonst würden die Eltern einem nämlich noch genauso in den Arsch kriechen wie dem miesen kleinen Schreihals. Was ist denn bitte so schwer daran, das kleine Rollenspiel einfach mal kommentarlos mitzumachen?

»Schau mal, wie schön das die Paula macht«

Wie ungeschickt können Eltern eigentlich sein, wenn es ums Thema frühkindliche Pädagogik geht? Ein Satz, mit dem man mindestens drei elementare Dinge auf einmal falsch machen kann: Dem Kind eine angebliche Schwäche vorhalten, ihm ein schlechtes Gewissen machen, es aufhetzen gegen jemanden, der sich nicht dagegen wehren kann. Zudem fällt der Satz nicht selten in völlig sinnlosen Kontexten. Seinem eineinhalbjährigen Kind »Schau mal, wie schön die Paula schon laufen kann« zuzurufen dient wohl weniger dazu, die Laufbereitschaft des eigenen Kindes zu fördern, als sich bei Paulas Eltern einzuschleimen. Bei älteren Kindern wiederum verfehlt der Satz garantiert den erwünschten Effekt. »Schau mal, wie schön der Luca sein Zimmer aufgeräumt hat« führt eben nicht zu einer Entrümpelungsaktion im heimischen Kinderzimmer, sondern zu kleinen Racheaktionen im Zimmer von Luca. Entweder in Form von körperlicher Gewalt gegen Luca (»Schubsen ist pfui!«) oder aber mit Hilfe einer breiten Spur der Verwüstung, die sich durch Lucas Zimmer zieht, als man es wieder verlässt. Wenn er so schön aufräumen kann, wird es ihn sicher nicht stören, den Inhalt sämtlicher Regale und Schubladen gleich noch mal an Ort und Stelle zu sortieren!

»Du bist schon ganz müde«

Welche Erwartungen haben Eltern wohl, was eine eventuelle Wirkung dieses Satzes betrifft? Dass das

Kind »Ach ja richtig, jetzt wo du es sagst, fällt's mir auch auf« sagt, kurz im Bad zur Abendtoilette verschwindet und sich zu Bett begibt, wo es noch ein paar Seiten in seinem Buch liest?

Der Satz ist vielmehr eine Beschwörungsformel, ein Selbstgespräch von Mutter oder Vater, denen bereits schwant, dass das müde Kind nicht etwa jetzt freiwillig die Nachtruhe beginnen wird, sondern frühestens eine halbe Stunde später, dann womöglich vor Erschöpfung hysterisch weinend, ins Bett getragen und noch eine halbe Stunde am Händchen gehalten werden muss.

Auch gern gesagt:
- »Du hast schon ganz müde Augen!«

»Mama und Papa haben sich eben besonders lieb«

Irgendwann passiert es allen Eltern: Sie haben sich im Schlafzimmer gerade besonders lieb, als der Blick auf die kleine, schockstarre Gestalt im Türrahmen fällt, die sich sofort verzieht, sobald sie bemerkt, dass sie bemerkt wurde. Je älter die kleine Gestalt, desto verheerender das Trauma. Am nächsten Morgen versucht Mama dann erfolglos, das wilde Treiben im Schlafzimmer zu erklären. Das peinlich berührte

Kind nickt, tut so, als verstünde und akzeptiere es, bleibt aber natürlich verwirrt zurück. Manchmal erst Jahre später realisiert es angeekelt, was da wirklich Sache war.

Allerdings gibt es auch jene hippiesken Eltern, die der Meinung sind, Sexualität sei etwas, mit dem stets offen umgegangen werden sollte. Diese Eltern haben ungeniert in der unteren Hälfte des Stockbetts im Ferienhäuschen Geschlechtsverkehr, während das Kind oben das Hin-und-her-Gerüttel stoisch erträgt und es sehr anstrengend findet, dass seine Eltern sich ständig so lieb haben.

»Du bist doch schon neun«/ »Du bist doch erst neun«

Ein Musterbeispiel, um zu demonstrieren: Eltern biegen sich ständig die Realität so zurecht, wie es ihnen gerade so in den Kram passt. Das sollte sich das Kind mal erlauben! Würde das angesprochene neunjährige Kind eine Persönlichkeitsspaltung entwickeln – verwunderlich wäre das nicht. Sind die Eltern genervt, weil man jede Nacht sein Matratzenlager im elterlichen Schlafzimmer aufschlägt, heißt es, man sei doch schon neun – möchte man die elfjährige Cousine auf ein Justin-Bieber-Konzert begleiten, ist man auf einmal »erst« neun. Wirft man sich anschließend auf den Boden und wälzt sich dort »Ich will aber« brüllend, heißt es unvermeidlich: »Du stellst dich an wie ein Kleinkind.« Egal, wie alt man ist, es beschleicht einen das Gefühl, dass man in einer Art Zeitspirale gefangen ist und ausgerechnet das aktuelle Alter immer das ist, in dem man eigentlich so gut wie gar nichts darf.

Auch gerne gesagt:
- »Du bist doch schon groß.«
- »Dafür bist du noch zu klein.«
- »Das ist nur was für Große.«
- »Das ist doch nur was für Babys.«
- »Die Oma darf das, die ist schon alt.«
- »Der Leon darf das, der ist ja noch so klein.«

»Wenn du dich weiter so benimmst, können wir dich nicht mit ins Restaurant nehmen«

Zuerst mal: War ja klar, dass Eltern hier das Verb »können« benutzen. Tun so, als seien perfektionierte Manieren beim Kinde eine Einlassvoraussetzung in Speiselokale. Klingt noch ein bisschen dringender als das wahrheitsgemäße »wollen«. Sollen sie doch gleich »dürfen« benutzen, das würde mal so richtig nach Regime klingen!

Jedenfalls ist der Satz tatsächlich eine Drohung, die wirksam sein könnte: Schließlich gab und gibt es für die meisten Kinder nichts Großartigeres, als »ins Restaurant« zu gehen – vorausgesetzt, sie verfügen über Eltern, die das selbst als luxuriöses Sonderevent betrachten, das den Kindern höchstens mal am Zeugnistag oder zu anderen besonderen Anlässen vergönnt wird. Als Kind empfindet man das ganze Event des Ins-Restaurant-Gehens als einen abenteuerlichen Akt der Dekadenz und ist dabei nicht allzu anspruchsvoll – egal, wie gummiartig die Cevapcici beim gipsgrottigen Kroaten, egal, wie lappig die Pizza beim Italiener – als Kind findet man es einfach prima. Die Aussicht, von diesen wenigen Highlights demnächst ausgeschlossen zu werden, löst zumindest für zwei Minuten Panik aus. Also sitzt man mal kurz still, hört auf, aus Kartoffelbrei eine Palmeninsel zu formen, versucht den Mund beim Kauen zuzulassen. Um dann einfach weiterzumachen wie bisher – der Satz ist zum Glück viel zu lang, als dass Eltern ihn während einer Mahlzeit öfters benutzen würden. Sie greifen lieber zu besser brüllbaren Befehlen wie:

- »Jetzt setz dich endlich mal gescheit hin!«
- »Benimm dich!«
- »Mach nicht so eine Sauerei!«
- »Das war das letzte Mal, dass ich dich mitgenommen habe!«

»Ist dir das wirklich 60 Euro wert?«

Eine ziemlich billige Masche der Eltern. Können kaum verbergen, wie sehr es sie wurmt, dass sie einmal nicht die Bestimmungsmacht über das Kind haben. Dieses ist normalerweise finanziell von ihnen abhängig und muss daher sämtliche lebenswichtigen Kaufentscheidungen in der Regel von ihnen abnicken lassen, was zu grausamen Szenen führen kann (siehe z. B. »Jeans ist Jeans«). Deswegen können Eltern meistens unterbinden, dass »Prinzessin Lillifee«-Mädchenstiefel und anderer unnützer, pädagogisch unwertvoller Plastikmüll in den Haushalt einzieht.

Wenn das Kind aber dank großzügiger externer Spender (Patentante, Oma …) plötzlich selbst über eine größere Summe verfügen kann, schrillen bei den Eltern alle Alarmglocken. Und sie sind stinksauer auf die Geldgeber, die ungefragt ihr Erziehungskonzept unterwandern und das Kind zu unvernünftigen Quatschkäufen verleiten, lassen sich das aber nicht anmerken. Sondern säuseln zuckersüß: »Oh, das ist aber ganz nett von der Tante Katja.« Mit ihrem üblichen Konzept (die gewünschte Sache einfach nicht kaufen und Zornesarien in Kauf nehmen) werden sie diesmal nichts ausrichten können. Deshalb ändern sie ihre Taktik und beginnen das Kind zu umschmeicheln: »Schau, das Geld könnten wir so schön auf dein Sparkonto tun, dann kannst du ganz viel für später sparen.« Das Kind hat natürlich andere Pläne und weiß, dass ihm niemand mehr im Weg stehen kann. Wenn die Eltern es nicht zu »Karstadt« in die Spielzeugabteilung bringen, wird es eben da hintrampen.

Auch gern gesagt:
- »Das kannst du dir später von deinem eigenen Geld kaufen.«
- »Was willst du denn damit?«
- »Das brauchst du doch überhaupt nicht.«
- »Nach einer Woche wird's dir langweilig.«
- »Das ist doch unnötig.«

»Das hast du aber fein gemacht«

Generell müssen Eltern manchmal aufpassen, ihr Kind nicht mit einem Hund zu verwechseln. Die Ansprache ähnelt jedenfalls stark dem Lob, das der stolze Hundebesitzer euphorisch verteilt, wenn die Töle endlich nicht mehr auf den Wohnungsboden kackt beziehungsweise kapiert hat, dass es seine Aufgabe ist, das fortgeschleuderte Stöckchen wiederzubringen. Womöglich hat das ja damit zu tun, dass die geistige Kapazität des Kleinkindes die des Hundes nur unwesentlich übersteigt. Wenn es dem vierzehnmonatigen Kind nach argem Bemühen gelungen ist, einen Bauklotz durch die vorgesehene Öffnung in die Box zu manövrieren, kennt der elterliche Enthusiasmus keine Grenzen. »Gut gemacht!«, jubilieren Vater oder Mutter, »Prima!«, »Ganz fein« – ein etwas inhaltsreicheres Lob, etwa: »Ganz hervorragend, wie es dir gelungen ist, für die runde Form des Bauklotzes die korrekt geformte Öffnung zu finden«, wäre natürlich verbale Verschwendung.

»MIT DEM STEFAN HAST DU DOCH IMMER SO SCHÖN GESPIELT«

Eltern als Manager
der kindlichen Sozialkontakte

»Mit dem Stefan
hast du doch immer so schön gespielt!«

Nun, möchte das Kind den Eltern am liebsten alt-
klug entgegnen, tempora mutantur, nos et muta-
mur in illis! Mag sein, dass man im Alter von eineinhalb nichts dagegen hatte, neben dem Stefan im
Sand zu sitzen und unkoordiniert mit einer Schaufel zu fuchteln. Damals war auch noch nicht so klar
zu erkennen, dass der Stefan allem Anschein nach
Hackfleisch statt Hirnmasse im Oberstübchen hat.
Ein paar Jahre später sieht das anders aus. Da findet man die Kinder vom Erwachsenenbesuch per se
doof und hat keine Lust, sich von ihnen das Spielzeug unordentlich machen zu lassen. Und natürlich
lässt man sich nicht für blöd verkaufen: Die Eltern
wollen doch nur, dass man das Damenprogramm für
den Stefan organisiert, damit sie mitsamt dem Be
such ihre Ruhe haben!

»Das ist nicht der richtige Umgang für dich«

Jaja, Eltern, macht es euch schön einfach. Denkt nicht darüber nach, dass es eure eigene Brut gewesen sein könnte, welche die unschöne Idee hatte, die Katze des Nachbarn mit der Steinschleuder plattzumachen. Zugegebenermaßen bietet sich der Gefährte immer gut an, um Schuld abzuwälzen und den eigenen Kopf aus der Schlinge zu ziehen, es ist also nicht auszuschließen, dass man durch ein schnelles »Das war aber dem Franz seine Idee« selbigen in die Schlusslinie gebracht hat. Der Franz wiederum hat sich selbst mit demselben Kniff aus der Schusslinie seiner Eltern befördert. Alle beteiligten Eltern gehen also davon aus beziehungsweise wollen sehr gerne glauben, dass es der Satansbraten von Spielgefährte war, der das eigene Vorzeigekind auf die schiefe Bahn gebracht hat.

In den Ohren des eigenen Kindes ist der Satz vom nicht richtigen Umgang natürlich die größtmögliche Adelung des Kindkollegen – wollten die Eltern verhindern, dass weiterhin gemeinsame Sache mit diesem Ben-Tewaag-Double gemacht wird, hätten sie sagen müssen: »Der Franz hat einen richtig guten Einfluss auf dich, mit dem solltest du öfter spielen.«

Besonders perfide ist natürlich dieser Sonderfall: Eltern finden einen Spielgefährten ihres Kindes oder dessen Eltern einfach unsympathisch und sind der Meinung, das Kind könnte sich doch jemanden suchen, den sie selbst auch irgendwie netter finden. Dann heißt es listig: »Schon wieder der Franz? Willst du nicht auch mal mit jemand anders spielen? Der Flori ist doch viel netter als der Franz!«

Auch gern gesagt:
- »Mit dem Franz spielst du nicht mehr.«

»Lass dich nicht ärgern«

Ja, was denn nun? Erst mal ist das natürlich nett gemeint – allein die Vorstellung, das eigene Kind könnte auf dem Pausenhof oder im Kindergarten allein und traurig abseits stehen, während die feisten anderen Kinder es mit Papierkugeln bewerfen oder böse Spiele mit seinem Namen treiben, lässt Eltern die Tränen des Mitleids in die Augen schießen. Alle Eltern treibt die Sorge um, ausgerechnet ihr Kind könnte zum Außenseiter werden – davor ist niemand gefeit, denn Kinder sind grausam. Also wird das Kind daheim schon mal vorsorglich ein bisschen auf aggro gebürstet. Besonders, wenn sich in der Klasse oder der Kitagruppe Kinder befinden, denen ihr zweifelhafter Ruf vorauseilt, sehen sich Eltern in der Pflicht. Schließlich soll nicht ausgerechnet ihr Kind ins Visier des Idi Amin unter den Vierjährigen geraten. Was genau mit »nicht ärgern lassen« gemeint ist oder was man sich unter »nichts« vorzustellen hat, wenn es darum geht, sich »nichts gefallen zu lassen«, wabert im Nebel des Unkonkreten. Und so ist das Kind selbst für die Interpretation zuständig. Und versteht die Welt nicht mehr, wenn es plötzlich Ärger gibt, nachdem man dem Idi Amin mit der Emaillschaufel eins über den Schädel gegeben hat, weil der sich eines ihm nicht zustehenden Sandförmchens bemächtigt hatte.

Und warum tun die Eltern so empört, nachdem sie per Anruf aus der Schule erfahren haben, dass bei der Prügelei in der Pause, bei der einige Zähne eines Ärgerers dran glauben mussten, man selbst eine führende Rolle eingenommen hat? Auf einmal machen sie einen auf Deeskalationsexperten und Konfliktberater: »So was kann man doch auch friedlich lösen!«

Auch gern gesagt:
- »Dann wehr dich halt!«
- »Lass dir bloß nichts gefallen!«

»Der Jannis hat dich aber auch nicht eingeladen«

Fies, wie Eltern einen eitlen Stellvertreterkrieg mit Hilfe ihrer Kinder führen. Wobei: Im Kern ist es wahrscheinlich nett gemeint. Der Stich ins Elternherz hat einfach zu weh getan, als man mit ansehen musste, wie das eigene Kind tagelang beim Abholen aus der Kita bat, noch mal ganz genau im Fach nachzuschauen, ob da eine Einladung vom Jannis liege, bestimmt sei sie irgendwie verspätet oder in der hintersten Facheecke versteckt oder anderweitig verschüttgegangen. Aber Jannis, der kleine Fiesling beziehungsweise seine gemeinen Eltern, haben das eigene, entzückende, jede blöde Kinderparty bereichernde Kind nicht eingeladen – das sitzt tief!

Steht nun die Partyplanung des eigenen Kindes an, wird eiskalt und erbarmungslos zurückgeschlagen. »Der Jannis hat dich aber auch nicht eingeladen«, versucht man das eigene Kind davon abzuhalten, dem Satansbraten eine Einladung zukommen zu lassen, und ignoriert dabei, dass man den Finger noch mal schön tief in die vielleicht gerade erst notdürftig vernarbte Wunde legt.

»Soll ich mal mit dem Ferdi reden?«

Alarmglocken, schrillt ... schrillt lauter! Ein Satz, der dem Kind den Schweiß auf die Stirn treibt und das blanke Entsetzen auslöst. Alles, bloß das nicht! Ist natürlich »nur gut gemeint«, aber was gibt es Schlimmeres als Eltern, die sich einmischen, zumal in einer Phase der Kinder- und Jugendzeit, in der einem die Eltern ohnehin maßlos peinlich sind? In der man der Mutter auf dem Weg in die Stadt verbietet, in denselben S-Bahn-Wagen zu steigen, aus Angst, man könnte mit ihr gesehen werden?

Der Satz macht nicht nur panisch, sondern auch ärgerlich: Wie können Eltern wirklich denken, es wäre eine gute Idee, das eigene Kind wie jemanden dastehen zu lassen, der Mama oder Papa vorschicken muss, wenn es mal brenzlig wird? Wie können sie ernsthaft denken, der schreckliche Ferdi aus der Parallelklasse würde nach einem Vieraugengespräch mit Mama auf die grausame Folter mit dem Zirkel verzichten?

Ähnlich schlimme Variante: »Soll ich mal mit den *Eltern* vom Ferdi reden?«

»Ei, wir machen schön eiiiii...«

Kinder im Alter von etwa zehn Monaten sind nicht für feinmotorische Zärtlichkeiten gemacht. Und vielleicht vergessen Eltern manchmal, dass man, wenn man erst zehn Monate alt ist, andere Kinder nicht als Kinder, sondern lediglich als Objekte wahrnimmt. Objekte mit einer interessanten Oberflächenstruktur. Auf den Kopf patschen, in die Augen stechen und an der Nase ziehen sind also die einzig sinnvollen Erkundungsmaßnahmen. Den Eltern wäre das an und für sich auch nur recht beziehungsweise total egal, wären da nicht die anderen Eltern, die sofort alarmiert herbeispringen, sobald das Weichei von anderem Kind zu weinen anfängt, bloß weil es mal kurz eine fremde Fingerspitze in der Nase hatte. Den Eltern des erkundenden Kindes bleibt also nichts anderes übrig, als dessen Händchen zu umklammern und übers Haar des Weicheis zu streichen. »Ei, wir machen ei, Mathilda«, säuseln sie dabei. Und arbeiten mit immensem Druck gegen den Impuls des Händchens, das sich zur Klaue verkrampfen und sich im seidigen Babyhaar festkrallen will.

Auch gern gesagt:
- »Das ist aber gar nicht lieb von dir.«
- »Sei schön sanft.«

»Gib den anderen auch was ab«

Kein Wunder, dass der Wunsch nach einem Einzelkinddasein bei vielen Kindern dramatische Züge annimmt: Eltern werden nicht müde, Disharmonien zu streuen. Ihr wahnhaftes Bestreben nach Gleichberechtigung führt unweigerlich dazu, dass sich stets einer aus dem Geschwistertrupp drangsaliert fühlt – und zwar immer der, der zufällig gerade etwas hat, das alle begehren. Da hat man beispielsweise von der Patentante, die sonst ein bisschen nervt, aber immerhin im Süßigkeitenfach gut geschult ist, eine XXL-Schokoladentafel geschenkt bekommen. Will man sich mit seiner Beute unauffällig zurückziehen, trifft einen Mutters schneidendes Organ im Rücken: »Aber gib deinen Geschwistern auch was davon ab.« Und schon eilen die gierigen, verfressenen Monster herbei, um die XXL-Tafel auf höchstens S oder M zu reduzieren – ohne irgendeinen zu rechtfertigenden Anspruch darauf! Haben doch ihre eigenen Patentanten! Kann man was dafür, dass die entweder 500 Kilometer weiter wohnen beziehungsweise sehr christlich unterwegs sind und immer nur Kinderbibeln und Kalender als Geschenke schicken?

Auch gern gesagt:
- »Aber iss nicht alle auf einmal.«
- »Aber schön teilen.«

»Lass die doch einfach reden«

Ach ja, Elterntrost, schwieriges Thema: Es gibt wohl kein Feld der Eltern-Kind-Beziehung, in dem Eltern es so authentisch gut meinen, wie wenn es darum geht, das niedergeschlagene Kind zu trösten. Das eigene Kind traurig zu sehen ertragen Eltern nämlich nur sehr schwer. Und es stößt ihnen einen Dolch ungespitzt durchs Herz, wenn sie mitbekommen, dass das eigene Kind von anderen fertiggemacht wird. Innerlich kochen sie vor Wut über diese Ausgeburten der Hölle, die ihrem Kind zusetzen. Das will natürlich nicht petzen. Nur dank einer ausgefeilten, sanft daherkommenden Verhörtechnik kriegt man irgendwann raus, wo der Schuh drückt. Wenn das Kind dann weint, würde man am liebsten selbst mitheulen angesichts der Vorstellung, wie das Kind allein auf dem Pausenhof steht und ab und zu einen Schneeball oder eine hundsgemeine Hänselei an den Kopf geknallt kriegt. Das Schlimme: Aus der Situation gibt es keinen Ausweg. Zum Lehrer gehen, einen außerordentlichen Elternabend einberufen? Würde das Kind einem übelnehmen und seine Situation nicht unbedingt verbessern. Einen authentischen Ratschlag geben (»Ich würde denen einfach mal kräftig die Fresse polieren!«) – auch keine gute Idee. Also bleibt nur das etwas hilflose Getröste, von dem die Eltern, noch während sie es sagen, wissen, dass es ihrem Kind überhaupt nicht helfen wird.

Auch gern gesagt:
- »Die sind doch einfach nur blöd.«
- »Die wollen dich doch bloß ärgern.«
- »Lass dich von denen nicht ärgern.«
- »Ignorier die doch einfach.«

»Das ist ein ganz ein Tüchtiger«

Ungeschriebenes Gesetz: »Tüchtig« ist ein Wort, das ausschließlich von Eltern gebraucht werden darf. Von Eltern wurde es auch erfunden! Und zwar, um höchstes Lob in einem Wort zusammenzufassen – und die gemeinte Person in den Augen der Kinder zu einem streberhaften, langweiligen Günstling schrumpfen zu lassen.

Es gibt diverse Anlässe für Eltern, um das Wort aus der Mottenkiste zu kramen – zum Beispiel als Verteidigung: Wenn man zum Beispiel nach einer Familienfeier genüsslich über die fässchenförmge Figur und den unmöglichen Ziegenbart des neuen Verlobten von Cousine Claudia lästert, wirft Mutter ein: »Das muss aber ein ganz ein Tüchtiger sein.« Weil er sich sein Studium selbst verdient hat oder es schafft, die gesamte Familie von Cousine Claudia durchzubringen, während die auf dem faulen Hintern sitzt. Gern genutzt wird das Attribut auch, so empfinden es zumindest die erwachsenen Kinder, um ihnen subtil ein schlechtes Gewissen zu machen. Wenn Mutter also vom Frauentreff zurückkommt und berichtet, die Tochter von Freundin Traudl würde ja jetzt mit Mitte zwanzig schon bei Siemens arbeiten (»Tüchtig!«), dann hört das Kind nicht ganz zu Unrecht noch etwas anderes aus dieser Information heraus: »Faules Kind, mach endlich hinne mit dem Studium, damit wir dich nicht länger durchfüttern müssen!«

»Er/Sie hat eh nicht zu dir gepasst«

Na prima, schönen Dank auch. Da wurde man sang- und klanglos von der Liebe seines Lebens sitzengelassen, und während man also gerade dabei ist, die Scherben seines Lebensentwurfs mühsam zusammenzusammeln, zwingt einen ein elterlicher Anruf (»Wollten nur mal so fragen, was es so Neues gibt«) dazu, die Trennung offiziell zu machen. Und schon kriegt man statt anständigen Mitgefühls noch zusätzlich eins reingewürgt. Da hat man jahrelang mit jemandem zusammengelebt, und die eigenen Eltern waren die ganze Zeit der Meinung, das wäre falsch? Die Wut ihres erwachsenen Kindes ist den Eltern nach ihrem Trostversuch sicher. Wobei das erwachsene Kind zugeben muss, dass es noch unerträglicher gewesen wäre, hätten die Eltern ihr Missfallen über den aktuellen Beziehungspartner noch während der Beziehung zum Ausdruck gebracht. Am besten hätten sie also einfach mal die Klappe halten sollen, aber gerade Mütter können sich den kleinen Triumph (sie haben's ja schon immer gewusst) nicht verkneifen.

Schlimmer ist eigentlich nur der umgekehrte Fall: nämlich wenn man den Eltern die unfrohe Botschaft der Trennung übermittelt, Mutter bleich wird und stammelt: »Aber ihr habt doch so gut zusammengepasst.« In Wahrheit meint sie: Der verblichene Partner und sie haben so gut zusammengepasst – so gut, dass die Eltern bereits fest mit baldigen Enkelkindern rechneten und den Partner als Schwiegertochter bzw. -sohn adoptiert hatten. »Willst du dir das nicht noch mal überlegen? So eine Beziehung schmeißt man doch nicht einfach weg«, wagen sie einen weiteren stellvertretenden Rettungsversuch. Weihnachts- und Geburtstagsgeschenke sind doch schon gekauft, Verlobungsfeier fest eingeplant fürs nächste Jahr, obwohl davon natürlich nie die Rede gewesen war.

Auch gern gesagt:
- »Andere Mütter haben auch schöne Töchter.«
- »Du hast doch jemand Netteren verdient.«
- »Du lernst sicher bald wieder jemand kennen.«

»Jetzt geh und entschuldige dich«

Die Ansage ist vom pädagogischen Wert her fast ebenso unnütz wie das berüchtigte »Wie heißt das Zauberwort?«. Denn während der Satz für Eltern in der jeweiligen Situation ein erzieherisches Pflichtprogramm einläutet, ist er für das Kind eine schlimme Demütigung, der es sich mittels »Auf-Durchzug-Schalten« zu entziehen versucht. Mag ja sein, dass es nicht ganz in Ordnung war, dem blöden Kind, das einem in der Sandkiste den Bagger wegnehmen wollte, mit der Schaufel eins drüberzuziehen. Schon in dem Moment, in dem das Kind nach einigen Sekunden Luftholen in hysterisches Geheul ausbrach und in Richtung seiner Betreuungsperson davonwankte, schwante einem nichts Gutes. Und klar, Mutter oder Vater werden in ein Gespräch mit der offenbar sauren Betreuungsperson verwickelt und tauchen wenig später mit sorgenvoll-entzürntem Gesicht auf und sagen, man hätte dem Kind nicht eins mit der Schaufel drübergeben dürfen. Und dass man sich entschuldigen müsse. Der mittlerweile verschämte und verstummte Täter und das rotzig-verheulte Opfer werden gegenübergestellt, und die Eltern des Täters geben den Souffleur: »So, und jetzt entschuldigst du dich.« Der Täter schaut zu Boden, nuschelt unverständlich »Tschuldigung« und wetzt davon. Alle Erziehungsberechtigten sind zufrieden. Und der Täter hasst die blöde Heulsuse, die für diese Demütigung verantwortlich ist, aus tiefstem Herzen.

Inhaltsverzeichnis

Lisa Seelig
Elena Senft
»Sorry, hier sitzt schon meine Tasche«
Und was im Alltag sonst noch nervt
Band 19451

Der Mitmensch als nervliche Herausforderung – eine ironische Sammlung von Alltagssituationen und Personen, die uns mit ihren Macken und Marotten das Leben zur Hölle machen: Armlehnenschubser, Sitzplatzfreihalter beim Public Viewing, übergriffige Restaurantbegleitungen – und natürlich auch all jene, die sich über die genannten Nervtöter lauthals aufregen. So machen selbst die schlimmsten Mitmenschen wieder Spaß!

Fischer Taschenbuch Verlag